一声狂笑，半个盛唐

李白诗传

郑雪 ■ 著

航空工业出版社
北京

内 容 提 要

品读李白的诗，体验是美妙的。如云雾散尽，新雪初霁，满月当空，似乎下有皓影，上面流转着亮银，月色与雪色俱在。若说这是巅峰体验，也不为过吧。在每个人寂寞的人生里，李白就是一道清影，他来过，划破了长空，留下了痕迹。

图书在版编目（CIP）数据

一声狂笑，半个盛唐 : 李白诗传 / 郑雪著 . -- 北京 : 航空工业出版社 , 2022.1（2024.5 重印）
ISBN 978-7-5165-2856-3

Ⅰ . ①一… Ⅱ . ①郑… Ⅲ . ①李白（701–762）—传记 Ⅳ . ① K825.6

中国版本图书馆 CIP 数据核字 (2021) 第 278667 号

一声狂笑，半个盛唐 李白诗传
Yisheng Kuangxiao,Bange Shengtang Libai Shizhuan

航空工业出版社出版发行
（北京市朝阳区京顺路 5 号曙光大厦 C 座 4 层　100028）
发行部电话：010-85672688　010-85672689

三河市元兴印务有限公司印刷　　全国各地新华书店经售
2022 年 1 月第 1 版　　2024 年 5 月第 3 次印刷
开本：880 × 1230　1/32　　字数：150 千字
印张：8.25　　定价：42.00 元

时人见我恒殊调，闻余大言皆冷笑。

宣父犹能畏后生，丈夫未可轻年少。

未洗染尘缨，归来芳草平。
一条藤径绿，万点雪峰晴。

月下飞天镜，云生结海楼。
仍怜故乡水，万里送行舟。

上有青冥之高天，
下有渌水之波澜。

舞影歌声散绿池，空馀汴水东流海。
沉吟此事泪满衣，黄金买醉未能归。

名花倾国两相欢，长得君王带笑看。
解释春风无限恨，沉香亭北倚阑干。

一声狂笑，半个盛唐

李白诗传

前言

生活里，谁不曾苦闷过？

安静地坐在家里，苦闷也能像无形的潮水，从四面八方涌来并逐渐将心灵覆盖。苦闷有种魔法，能从头顶泼来令人窒息，能从脚下潮涌将人淹没。

现代人，谁有没过这种苦闷？茫然四顾，好像没有出路，生命得不到真正的舒展，焦虑、抑郁、迷茫、恐惧、悲愤、悔恨……但，当负面情绪排山倒海般过来时，李白的形象总会在我脑海中出现。

总会有那么一个时刻，沉重到无力描述心中的压抑。仿佛被透明玻璃罩罩住，与整个世界隔绝。

此时，要去读李白的诗。你会感觉，突然有人将所有的悲欢，用最形象的话语描述出来，并且告诉你，他也懂，他也经历过。

那一刻，身上的担子轻了，自己也不再孤单。毕竟，回溯历史，伟大如李白也早已蹚过相似的痛苦之河——我的悲伤，他也品过；我的喜悦，他也尝过。似乎他的痛更深更久，他的喜更大更广。被痛苦挤压得变形了、狭窄了的内心，顿时扩展了，顿时敞亮了；仿佛呼吸衰竭的病人，突然间能顺畅呼吸了，能闻到百花香了。

一片雪，一粒沙，雪泥鸿爪，细雨梅花，重新幻化出形，重新染上颜色，美好生活的画卷再次徐徐展开。你能做到如此，因为读过李白，便知道，有个人始终在那里，你所有的痛，他都懂。

但，谁又能真的懂他呢？

读李白的诗，有那种“山中何事？松花酿酒，春水煎茶”的小清新，也有“山河远阔，人间烟火”的旷达；有“千金散尽何所惧”的大气，也有“抽刀断水水更流”的愁怨。

但这都是细枝末节，其实，读遍他的诗，你可能仍然不懂他。有人认为他是疯子，有人说他是狂人，还有人吹捧李白为仙人……人人心中都有一个李白，究竟哪个是准确的，只有李白自己来定夺。

在这个“强迫症”盛行的世界，通过“掌控”来证明“存在”似乎已经成为共识。

所以，狂人、疯子，不被当下主流思想所认同，也没有多余的空间去容纳他们。

偶尔的放纵和疯狂是可以的，如此才能彰显人性的立体，才能暂时将我们从条条框框中解放。一万年前的原始人，比现代人更懂如何放松自己，他们在静谧的夜晚，通过点燃篝火、舞动狂欢去释放内心过剩的情绪。

似乎，当代人真的比原始人更体面、更高贵吗？若从率真角度讲，当代人显然活得有些憋屈。

李白就是我们的代言人，他大声喊出了我们内心的疯狂。他用最高超的技巧，最艺术的方式，最华丽的词汇，最美妙的体验，将至清至真的“疯狂”一一呈现，简单的感谢不足以表达对他的褒奖，应该为他树一座丰碑！

目录

第一章　故园山水

第二章　壮气凌云

第三章　辗转蹉跎

第四章　红尘滚滚

第五章　流放漂泊

第一章 故园山水

每个人心中都有一个关于李白的剪影，看着相似，却各有不。可能是举杯邀月唱尽胸中沟壑，也许是乘舟顺流而下衣衫翩跹，或许是眉头紧皱抽刀断愁，抑或是纵行凌越援壁摘星，兴许是喝尽金樽后呼儿换酒……

天才出世

太白何苍苍，星辰上森列。
去天三百里，邈尔与世绝。
中有绿发翁，披云卧松雪。
不笑亦不语，冥栖在岩穴。
我来逢真人，长跪问宝诀。
粲然启玉齿，授以炼药说。
铭骨传其语，竦身已电灭。
仰望不可及，苍然五情热。
吾将营丹砂，永与世人别。

——《古风》

灿烂，只是一瞬；寂寞，却是永久。

有的人，天赋异禀，不走寻常路，异常耀眼。

盛世光华背后，却有着常人难料的寂寥。

曾以为，天才出世必有异象，天雷地火、斗转星移、鱼龙潜跃、凤凰泣血……然而，李白的诞生之日，却是历史长河中最普通的一个夜晚。那天，月朗星密，北斗星熠熠生辉。温柔夜色下，是沉睡中的大唐，华美灿烂。

太白金星俯瞰人间，长安是那么远，又是那么近。近，因为它是天朝的中心，万众瞩目；远，因为它又是凡间尘世，只此一生。

一个叫碎叶的小城，也在沉睡之中。碎叶地处边疆，没有蛾儿雪柳黄金缕的“暗香”佳人，也没有羽扇纶巾论天下的倜傥少年，却有着无数高鼻深目的商人往来经商。这里，似乎与传说中的浪漫文人气息丝毫不相关。

然而，太白金星许是饮足了酒，醉眼蒙眬中，独独选中这里下凡。

不久，一个婴孩儿呱呱坠地。许是冥冥中自有安排，作为碎叶小城李家的第十二子，父亲李客大笔一挥，为他取名“白”，字太白。

德国哲学家海德格尔说，人需要“诗意地栖居”。这个“诗”，不只是作诗、吟诗，还需要将“诗”的生存方式融进生命，以诗的美为平淡的人生着色。太白金星便身负如此使命，为世人沉淀光阴，用诗来书写生命，恣意年华快意人生。

李白成年后，曾经对自己的出身做过大胆的设想，其中可见诗人对自己的评价和看法。

太白何苍苍，星辰上森列。
去天三百里，邈尔与世绝。
中有绿发翁，披云卧松雪。
不笑亦不语，冥栖在岩穴。
我来逢真人，长跪问宝诀。
粲然启玉齿，授以炼药说。
铭骨传其语，竦身已电灭。
仰望不可及，苍然五情热。
吾将营丹砂，永与世人别。

诗中，李白认为：太白金星也许就是我本人，原本只是众多星宿中的一个，却决心下凡尘世间，做一个普通人，品尝人间的酸甜苦辣，短短几十年，人间走一遭——

我不甘庸庸碌碌过完这一生，在天上，我是最明亮的那颗星；在人间，我也想做个最潇洒的人。也许，我是那个雪天醉卧松下的老翁；也许，我是那个超脱物外、看淡疾苦的道家仙师；也许，我一生都纵情山水，与自然融为一体。

不久后，也许是天意的召唤，李客决定举家搬迁至更富庶之地，这也是李白人生中的第一段旅程。出生后的第一次迁徙似乎颇有寓意，预示了李白将一生漂泊。有读者借此断定，李白是一位旅人，他的旅途并非苦旅，而是有酒，有歌，有诗，有友的潇洒旅程。

这种兜兜转转的迁徙，铭刻着诗意，酝酿着厚重，可谓李白波澜壮阔人生画卷的伏笔。

李客一家来到蜀中一个村子。虽距离李白的梦中圣地长安依然遥远，但这里少了异族氛围，有着国画般的景色，青山绿水、酒旗山郭、青青竹林，仿佛桃花源般的景象，在李白幼年的生命底色上画下了重要的一笔。

李白天赋异禀，“五岁诵六甲，十岁观百家”；少年时代好侠气、爱游玩，丰富的阅历，对他后来的诗歌创作影响深远。“六甲”大约算是当时唐朝的儿童启蒙读物，有点类似现在的小人书，或幼儿的“绘本”。

神龙元年正月，江山易主，政局动荡。但这些与尚且年幼的李白并无关系，读书是他最大的乐趣。

说起读书，还有个关于李白的乡间轶事。据传，李客家居住于阴平古道，那里行人、商旅络绎不绝。父亲为让李白安心读书，送他至离家小半天路程的小匡山。离了父母的管辖，李白如饥似渴地沉浸在阅读里，白天苦读，晚上继续挑灯夜战。一到晚上，山下人便会看到山上那如豆的灯光。

年长日久，小匡山的本名被忘记了，“点灯山”的名号却如雷贯耳。小匡山至今仍在，盘踞在四川江油让水乡境内，让水乡读书台村，青莲镇至匡山的古道旁。

据《江油县志》记载："匡山寺，唐贞观中，僧法云开堂于此，僖宗幸蜀，敕赐中和寺，寺右有李百祠。"还有史书记载："本寺原是古迹，唐李白读书所在。"杜甫在江油也曾作诗："匡山读书处，白头好归来。"可见，上述传说并非空穴来风。

不论如何，李白的刻苦是真的。父亲李客欣喜于这个儿子的聪敏刻苦，在那个文人治事的年代，李白的才能更是让李家有了光耀门楣的希望。读好书就能当官，成了状元便官运亨通，李客有意栽培李白，希望他走上仕途。

小小年纪的李白的确能写出惊艳的词句，但对当官了无兴趣，书籍给了他天高地阔的视野。那时，他的理想是仗剑远游，行侠仗义。

宝剑是他最心爱之物，剑在人在。十五岁，李白开始练剑，快意人生、纵横四海、行侠仗义的生活，是李白少年时代的梦想。

后来，他曾作诗回忆彼时的生活。

托身白刃里，杀人红尘中。

当朝揖高义，举世称英雄。

衣衫倜傥，羽扇纶巾，剑气如虹，笑傲江湖。这份侠气仗义和放荡不羁，与那么多求取功名而得不到的人比起来，有种凛然的清高之感。

道教为国教，巴蜀之地，尤为盛行。青城山、峨眉山都是当时举世闻名的道场。浸淫于这种环境，李白热衷于仙侠生活，其寻仙问道的那一类作品便有了源头。

李白曾极其痴迷道教，甚至入深山寻觅仙道踪影。

在大匡山的后面，有座山叫戴天山，山上有座方圆几百里内颇为闻名的道观。

一次，李白兴冲冲地前往道观寻觅道长，恰逢道长外出做法。李白斜倚松树，听林间泉水呜咽、野狗鸣吠，望瀑布倾泻，品尝桃花雨，直到黄昏也没等到道士归来。带着失落，他离开了，正如《访戴天山道士不遇》诗中云："无人知所去，愁倚两三松。"

或许，这就是上天的安排，若他果真跟道士一见如故，超脱尘世，那世上岂不是少了一个仙风道骨的大诗人，却多了一个会作点诗的道长？

未及弱冠之年，"出人头地""考取功名"这样的话，已把李白的耳朵磨出了老茧。他心中虽认同亲朋的观点，但身负旷世奇才的李白却让自己的小任性占了上风。他期望能有一条与众不同的路，同样送他上青云。

命运很快便把一个志趣相投的人送到他面前。

梓州，有个名声在外的隐士，名叫赵蕤。赵蕤的经历，在未经世事的李白心中，简直就是榜样一样的存在。赵蕤早年颇有才华，屡次三番被朝廷邀请为官一方，但他与陶渊明类似，喜欢田园生活，热爱隐居出世。

赵蕤平时的生活，主要围绕着练剑、养鸟、种花种菜等活动展开，这也正是李白的理想人生。两人一拍即合，每天云淡风轻，读诗论事，养鸟耍剑。其中的乐趣，不知道比为官从政美妙了多少。李白留下了，他将赵蕤当成良师益友，朝夕相伴。

赵蕤是养鸟专家，在山里放养了上千只鸟。李白变成了“鸟官”，每日喂鸟遛鸟，并思考着人生理想。

其实，早年的赵蕤也并不出俗流，曾在争夺功名的路上奋力挣扎、摸爬滚打。但，有一天，他累了、厌倦了，也想通了，他的才华不被科举制度所认可，但不代表人才应该就此埋没，他不想过这样的生活。他宁愿回归山林，与鸟为伴，与花为邻。

多次落榜后的赵蕤，开始著书立说。是否能夺取功名，与个人的才华造诣非正相关。彻底放弃科举之路后，赵蕤反而名声远扬，身边聚集不少信徒、文友、知音。他讲学授课，开拓民间疆土，独树一帜的文风风靡一时。

赵蕤擅长纵横学，并有相关著作存世。他的书，集儒家、道家、法家、兵家、杂家和阴阳家思想之大成。赵蕤的文韬武略，令李白折服，也对李白的人生观、价值观，以及对未来生活的理想信念产生了深远影响。

两人的友谊日渐深厚，后人对他们十分敬仰，并称“蜀中二杰”。

多年后，李白远游异乡，遇到了一些挫折，产生了很多牢骚和感慨，当他在淮南身负重病之时，心中唯一所念便是人生的启蒙恩师赵蕤。

病床上，李白写了一封卧病抒怀之作寄给赵蕤。在赵蕤晚年，李白还写过一首《送赵云卿》，希望他出世为官，施展惊世伟才。

缘聚缘散，皆有因果。

何时再见，唯寄思念。

李白果敢、朦胧的青春年少即将过去了。

初出茅庐

大鹏一日同风起，扶摇直上九万里。
假令风歇时下来，犹能簸却沧溟水。
时人见我恒殊调，闻余大言皆冷笑。
宣父犹能畏后生，丈夫未可轻年少。

——《上李邕》

生命轮回中，处处总相似，年华却如永不回头的奔流。

春华秋实，人来人往，花开花落。

人生有山穷水尽，亦有柳暗花明。

当下，李白遇到了点波折。春季，鸟儿鸣啼，落英缤纷，他想去成都看看，路上巧遇当时一位名叫苏颋的名臣。苏颋来历非凡，曾任前朝宰相，当时正遭遇贬谪，但他桃李满天下，名声依然非常响亮。李白寻得机会向他献上了自己当时比较喜欢的两个作品《明堂赋》《大猎赋》。

年少的李白，内心激动难平，一是因为自负才学，二是十分期待苏颋的赏识。就好像小学生一样，仰着小脸儿满怀期待地等老师表扬。

苏颋是一个德高望重、心胸宽广的人，他没有因为自己的遭遇而愤世嫉俗，反而因看到一个有才华的年轻人而欣喜，亲口把李白比作汉代文学家司马相如，还口头表示要大力推荐李白。不久，这件事就人尽皆知，李白的名气大噪，从此深受鼓舞，信心大增。

谁知，这口头的答应，却没了下文。

至此，李白终于品咂到了官场上的虚与委蛇，年轻的心难免失落，他开始学会接受人生百态，感受种种滋味。没有一帆风顺的道路，也没有轻而易举的成功。但人只要年轻，就充满希望。

李白跟王维年龄相仿，就在他失意之时，王维已进士及第。在古代，仕途上有一番作为是文人墨客朝思暮想之事，到处拜会、求推荐的李白心里不知道多着急。

“采菊东篱下”的陶潜，久经官场，彻底厌倦后才告老还乡，未经世事的李白哪里能达到这种境界呢?

李白游荡在巴蜀之地，只求一个能助自己一臂之力的人。

“太白金星”也想走仕途，但目标远大。他心中有两个理想，其中一个做当朝宰相，李白自认为有管仲、晏子的才干，满腹文武韬略，堪与帝王对话、为国家社稷出谋划策。

李白的另一个理想是做帝师。当年，姜太公垂钓渭水畔，迟迟等不到周文王。在漫长的等待岁月中，姜太公没有妄自菲薄。机会总是属于有准备的人，周文王后来果然师从姜太公。

李白的理想，便是那个时代文人墨客的终极梦想。只是，对别人来说是梦想，只敢放在心里偶尔幻想一番，李白却将其当成可以实现的人生目标，一步步去谋划、实践。

有才难免傲物，在李白的心中，他不屑于科举，不想走那条自下而上的艰苦卓绝之路。

现存史料中，没有关于李白曾参加科考的记录，他坦荡荡、赤裸裸，决心把自荐之路走到底，继续找寻赏识并能提携自己的名人志士，他要走的是那条直上云霄的通天大道。

有人认为，李白放弃科举之路，归根结底是他那从未大白于天下的身世之谜在作祟。

若走科举之路，便要把自己的背景、族谱、生平，抽丝剥茧般暴露给周遭人玩味，这也许是心怀傲气的李白所不能接受的。

不论如何，他始终坚持自己的信念和做法，选了一条最难走、最孤独的道路。

李白一直没有放弃，并始终在尝试。踽踽独行的道路上，唯有才华和梦想，是黑夜的明灯，照亮李白前行之路。

不久，李白心怀遇到贤人却未受提携的遗憾，来到渝州，打算拜谒一位同姓长辈李邕。

据史料记载，李邕不仅官位高，还是唐代著名的书法家，书法风格对后世影响很大。李邕书法深得书法大家王羲之精髓。宋代的著名书法家苏轼、米芾也都系统学习过他的书法作品。后世著名的“苏黄米蔡”四大书法家，前三家都对李邕推崇备至。

李邕十几岁就成名了，开元初年（713年）成为一方名士，前来拜谒、渴望提拔的人很多。在唐代科举制度中，“进士”不能直接被授予官职，需要已成名的人提携、帮衬。

《黄鹤楼》的作者、大诗人崔颢尚未出名时，曾去拜谒李邕，并献上力作《古意》：“十五嫁王昌，盈盈入画堂。自矜年最少，复倚婿为郎。舞爱前溪绿，歌怜子夜长。闲来斗百草，度日不成妆。”

这首诗为纪念王昌龄而作，李邕不仅看不上，还认为此诗艳俗、低劣，高声斥责“小儿无礼”，拂袖而去。

李邕的心态很值得玩味，自己本是少年成名，却看不上同样渴望成功的少年才俊。

现在分析李邕的心态，应该是自卑又自负的，他对同类人轻则爱答不理，重则冷嘲热讽，连李白也未能幸免。

李白名声尚浅，没机会直接拜见李邕，于是辗转托了几层朋友将自己的作品递交给李邕。果然，李邕自视甚高，对晚辈、末流甚为不屑，尤其看不惯恃才傲物之人，批评李白诗赋平平、缺乏才气，见面免谈。

李白岂是平白无故吞得下闭门羹的人？于是初生牛犊不怕虎的李白，愤而作诗《上李邕》回怼。

大鹏一日同风起，扶摇直上九万里。
假令风歇时下来，犹能簸却沧溟水。
时人见我恒殊调，闻余大言皆冷笑。
宣父犹能畏后生，丈夫未可轻年少。

“大鹏一日同风起，扶摇直上九万里。假令风歇时下来，犹能簸却沧溟水。”大鹏鸟，来自道家庄子的代表作《逍遥游》，是一种古代神鸟，翅膀之大仿佛从天边垂下的云彩，能“水击三千里”，也能“扶摇直上九万里”，可谓远大理想、狂浪不羁的象征。

李白自比大鹏鸟，心怀远大理想，拥有狂放的灵魂，这里是反衬李邕没眼光、没水平。

大鹏鸟是李白常用的意象，比如《大鹏赋》《临路歌》等作品，皆有李白自比鹏鸟的豪放诗句。大鹏鸟一旦起飞，便能振翅九州、御风而行、直冲天际。若风停，鹏鸟飘落，也能激浊千里，在沧浪中滑翔。

这四句诗，可谓把《逍遥游》中的鹏鸟形象精简地描绘出

关山月

李白

明月出天山，
苍茫云海间。
长风几万里，
吹度玉门关。
汉下白登道，
胡窥青海湾。
由来征战地，
不见有人还。
戍客望边色，
思归多苦颜。
高楼当此夜，
叹息未应闲。

此诗是在叹息征战之士的苦辛和后方思妇的愁苦时所作。诗的开头四句，主要写关、山、月三种因素在内的辽阔的边塞图景，从而表现出征人怀乡的情绪；中间四句，具体写到战争的景象，战场悲惨残酷；后四句写征人望边地而思念家乡，进而推想妻子月夜高楼叹息不止。

李白年表

公元纪年	
701	出生（武则天长安元年）诞生在碎叶城（今吉尔吉斯共和国境内，当时属唐王朝安西都护府辖区）
705	武则天卒（中宗神龙元年）。中宗李显复位。李白随其父逃至蜀中。五岁诵六甲。
710	睿宗景云元年，李白十岁，攻读诸子百家。李旦即位，是为睿宗。立李隆基为太子。
712	李白十二岁。玄宗先天元年八月改元，睿宗传位于太子李隆基，是为玄宗。杜甫出生。
713	李白十三岁。玄宗开元元年，太平公主阴谋废帝，玄宗诛其党，赐其死。
714	开元二年，李白十四岁。才华初显，出口成章。
715	李白十五岁，开元三年，李白隐居于大匡山山脚下的大明寺，开始两年左右的学习，已作赋多篇。
716	李白十六岁。在大明寺读书。他系统学习了诗经、楚辞、乐府等诗歌名著，在诗歌创作上颇有造诣。
717	李白十七岁，开元五年，继续在大明寺读书。留诗《访戴天山道士不遇》《赠江油尉》《寻雍尊师隐居》
718	李白十八岁，开元六年。赴梓州，拜隐士赵蕤为师，学习剑术、道术、纵横术等。
719	李白十九岁，开元七年。继续学习。当地太守推荐李白参加有道科的会试。李白没有去应试。
720	李白二十岁，作《大猎赋》。开元八年，宋璟罢相。金刚智及弟子不空经海路入唐，玄宗礼为国师。

750 李白五十岁，天宝九载。赐安禄山为东平郡王。唐代将帅封王自此始。李白留诗《以诗代书答元丹丘》等。

751 李白五十一岁，天宝十载。杨国忠使剑南节度使鲜于仲通讨伐南诏大败；安禄山击契丹，大败。李白留诗《战城南》《古风其四十三“周穆八荒意”》《古风其三十四“羽檄如流星”》。

752 李白五十二岁，天宝十一载。李林甫卒，杨国忠继其任。李白留诗《行行且游猎篇》《出自蓟北门行》《邹衍谷》《幽州胡马客歌》《北风行》《公无渡河》等。夫人宗氏病重。

753 李白五十三岁，天宝十二载。鉴真第六次东渡日本。李白至长安逢故人独孤驸马，留诗《走笔赠独孤驸马》。

754 李白五十四岁，天宝十三载。安禄山入朝，加左仆射。杨国忠进位司空。

755 李白五十五岁，天宝十四载。安禄山于范阳叛乱。李白为妻子宗氏留诗《秋浦寄内》。见汪伦留《赠汪伦》。

756 李白五十六岁，肃宗至德元年。安禄山在洛阳自称大燕皇帝。玄宗逃亡蜀中被迫赐杨贵妃死。太子李亨即位。李白南奔避难。留诗《奔亡道中五首》《经乱后将避地剡中留赠崔宣城》等。

757 李白五十七岁，至德二载。安禄山为其子安庆绪所杀，庆绪自立为帝。郭子仪收复长安。肃宗、玄宗返长安。

758 李白五十八岁，肃宗乾元元年。史思明反。肃宗罢张镐宰相。出为荆州大都督长史。

759 李白五十九岁，乾元二年。史思明自称大圣燕王。四月，史思命杀安庆绪。五月，改称大燕皇帝。

760 李白六十岁，肃宗上元元年。李白留诗《鹦鹉洲》《望汉阳柳色寄王宰》《送内寻李腾空二首》等。

761 李白六十一岁，上元二年。史朝义杀其父史思明，即皇帝位。饥馑相继。王维卒，时龄六十一岁。

762 李白六十二岁，代宗宝应元年。玄宗、肃宗相继死去。太子代宗李豫即位，改元宝应。李白绝笔《临路歌》。

一声狂笑，半个盛唐

古朗月行

李白

小时不识月，呼作白玉盘。又疑瑶台镜，飞在青云端。仙人垂两足，桂树何团团。白兔捣药成，问言与谁餐。蟾蜍蚀圆影，大明夜已残。羿昔落九乌，天人清且安。阴精此沦惑，去去不足观。忧来其如何，凄怆摧心肝。

当年宫殿赋昭阳，岂信人间过夜郎。
明月入江依旧好，青山埋骨至今香。
不寻饭颗山头伴，却趁汨罗江上狂。
定要骑鲸归汗漫，故来濯足戏沧浪。
——辛弃疾《忆李白》

李白斗酒诗百篇，长安市上酒家眠。
天子呼来不上船，自称臣是酒中仙。
——杜甫《饮中八仙歌》

南陵别儿童入京

李白

白酒新熟山中归，黄鸡啄黍秋正肥。
呼童烹鸡酌白酒，儿女嬉笑牵人衣。
高歌取醉欲自慰，起舞落日争光辉。
游说万乘苦不早，著鞭跨马涉远道。
会稽愚妇轻买臣，余亦辞家西入秦。
仰天大笑出门去，我辈岂是蓬蒿人。

长相思

李白

长相思，在长安。络纬秋啼金井阑，微霜凄凄簟色寒。孤灯不明思欲绝，卷帷望月空长叹。美人如花隔云端！上有青冥之长天，下有渌水之波澜。天长路远魂飞苦，梦魂不到关山难。长相思，摧心肝！

陌上桑

李白

美女渭桥东，春还事蚕作。五马如飞龙，青丝结金络。不知谁家子，调笑来相谑。妾本秦罗敷，玉颜艳名都。绿条映素手，采桑向城隅。使君且不顾，况复论秋胡。寒螿爱碧草，鸣凤栖青梧。托心自有处，但怪傍人愚。徒令白日暮，高驾空踟蹰。

走笔赠独孤驸马

李白

都尉朝天跃马归，香风吹人花乱飞。银鞍紫鞚照云日，左顾右盼生光辉。是时仆在金门里，待诏公车谒天子。长揖蒙垂国士恩，壮心剖出酬知己。一别蹉跎朝市间，青云之交不可攀。倘其公子重回顾，何必侯嬴长抱关。

李白53岁时又到长安。希望得到任用，无果。在长安逢故人独孤驸马，留诗《走笔赠独孤驸马》，从诗中看出李白还是一 心想报国的，无奈小人作梗，李白也只能请求还山，混迹江湖。

739	李白三十九岁，开元二十七年。玄宗加号为开元圣文神武皇帝，大赦天下。八月，追谥孔子为文宣王……
740	李白四十岁，开元二十八年。李白妻子许氏病故李白继纳刘氏女，不久离异。李白留诗《客中作》等。
741	李白四十一岁，开元二十九年。李白留诗《鲁东门观刈蒲》《赠从弟洌》《送友人》等。
742	李白四十二岁，玄宗天宝元年。正月，改元，大赦。李白游泰山，留诗《游泰山六首》。留文《拟恨赋》在泰山送友人鲁颂离鲁。留诗《别鲁颂》；送别王山人，留诗《赠别王山人归布山》。经过元丹丘和玉真公主的推荐，玄宗征召李白入京。李白接到朝廷诏令，准备去长安复命，留诗《南陵别儿童入京》《南陵别儿童入京》。秋，赴长安。在长安。留诗《子夜吴歌四首》《乌夜啼》等。
743	李白四十三岁，天宝二年。诏翰林院。玄宗于宫中行乐，李白奉诏作《宫中行乐词八首》玄宗赐以宫锦袍。玄宗与杨玉环同赏，李白又奉诏作《清平调词三首》《鼓吹入朝曲》《春日行》《阳春歌》等。入翰林院之始，李白对施展抱负怀有厚望。留诗《塞下曲六首》《胡无人》《金门答苏秀才》《效古二首》等。与贺知章结识。
744	李白四十四岁，天宝三载。玄宗以天下太平无事，欲高居而无为，将一切政事委李林甫处理。贺知章去世。李白留诗《送贺监归四明应制》，为友人元丹丘留诗《西岳云台歌送丹邱子》。上书请还山，离长安而去。
745	李白四十五岁，天宝四载。杨太真册封为贵妃。李白与杜甫相会，留诗《戏赠杜甫》《鲁郡东石门送杜二甫》等。
746	李白四十六岁，天宝五载。李白留诗《赠从弟洌》《东鲁见狄博通》《别中都明府兄》等。与宗氏夫人再婚。
747	李白四十七岁，天宝六载。朝中大狱。李白留诗《留别广陵诸公》《登金陵凤凰台》《同友人舟行》等。
748	李白四十八岁，天宝七载。玄宗赏赐安禄山铁券（免死牌）。杨贵妃三姊皆被封为国夫人。李白在金陵留诗《示金陵子》。崔成甫遭贬谪，与李白在金陵相遇。崔成甫作诗《赠李十二》李白写诗作答。
749	李白四十九岁，天宝八载。玄宗以国用丰殷，视金帛如粪土，赏赐无度。李白写诗《寄东鲁二稚子》等。

721 李白二十一岁，开元九年。李白归家昌明。此后三年均在匡山读书。

723 李白二十三岁，开元十一年。玄宗置丽正书院，聚文学士修书、侍讲。李白在匡山继续读书。

724 李白二十四岁，开元十二年。他决定去蜀远游。行前，他写了《别匡山》诗。秋冬，留诗《巴女词》。

725 李白二十五岁，开元十三年十一月，玄宗改丽正书院为集贤院。李白留诗《对酒》《金陵望汉江》等。

726 李白二十六岁，开元十四年。李白留诗《金陵酒肆留别》《夜下征虏亭》《王右军》《天台晓望》等几十首。

727 李白二十七岁，开元十五年。李白到达襄州拜访隐居在那里的著名诗人孟浩然，两人结下深厚的友谊。

728 李白二十八岁，开元十六年。李白留诗《江夏行》《黄鹤楼送孟浩然之广陵》《赠内》等诗数首。

729 李白二十九岁，开元十七年。玄宗以每年八月五日为千秋节。李白拜谒裴长史请求荐举。写《上安州裴长史书》

730 李白三十岁，开元十八年。宰相张说卒。李白留诗《凤凰曲》《长相思》《怀仙歌》《登新平楼》等诗。

731 李白三十一岁，开元十九年。春，回长安。留诗《春归终南山松龙旧隐》，暮秋，滞留洛阳。留诗《梁甫吟》。

732 李白三十二岁，开元二十年。玄宗到洛阳以北地区出巡。李白岳父许员外已于去年病故。岁末，归家安陆。

733 李白三十三岁，开元二十一年。玄宗亲注老子《道德经》。李白留诗《安陆白兆山桃花岩寄刘侍御绾》，生女儿平阳。

734 李白三十四岁，开元二十二年。玄宗巡幸洛阳。征招道士张果先生，玄宗亲问以治道神仙之术。

735 李白三十五岁，开元二十三年。玄宗在洛阳耕藉田，大赦天下。李白应友人元演之邀游赴太原，五月到达洛阳。

736 李白三十六岁，开元二十四年。李白离开太原南下，至嵩山元丘处，结识岑勋。后抵达襄阳，与孟浩然再会。

737 李白三十七岁，开元二十五年。儿子出生，取名“伯禽”。留诗《嘲鲁儒》《秋夜与刘砀山泛宴喜亭池》等。

738 李白三十八岁，开元二十六年。李亨（即后来的唐肃宗）立为太子，贺知章为太子宾客。

古朗月行　李白

小时不识月，呼作白玉盘。
又疑瑶台镜，飞在青云端。
仙人垂两足，桂树何团团。
白兔捣药成，问言与谁餐。
蟾蜍蚀圆影，大明夜已残。
羿昔落九乌，天人清且安。
阴精此沦惑，去去不足观。
忧来其如何，凄怆摧心肝。

行路难　李白

大道如青天，我独不得出。羞逐长安社中儿，赤鸡白雉赌梨栗。弹剑作歌奏苦声，曳裾王门不称情。淮阴市井笑韩信，汉朝公卿忌贾生。君不见昔时燕家重郭隗，拥篲折节无嫌猜。剧辛乐毅感恩分，输肝剖胆效英才。昭王白骨萦蔓草，谁人更扫黄金台？行路难，归去来！

下终南山过斛斯山人宿置酒　李白

暮从碧山下，山月随人归。却顾所来径，苍苍横翠微。
相携及田家，童稚开荆扉。绿竹入幽径，青萝拂行衣。
欢言得所憩，美酒聊共挥。长歌吟松风，曲尽河星稀。
我醉君复乐，陶然共忘机。

此诗有二种说法：一说，李白作此诗时，正在长安供奉翰林。李白四十二岁时。此诗写于李白初入长安隐居终南山时期；另一种说法，李白此诗作于唐玄宗天宝十一载春，时李白五十二岁，正隐居终南山。

子夜吴歌·夏歌

李白

镜湖三百里，菡萏发荷花。五月西施采，人看隘若耶。
回舟不待月，归去越王家。

来，间接表达了李白内心的愤懑和不满。

“时人见我恒殊调，闻余大言皆冷笑。宣父犹能畏后生，丈夫未可轻年少。”李白毫不掩饰自己的傲娇，也知道在那些普通人眼中，雄浑、有气魄的诗句也会变成吹牛皮。

庸者自然不懂李白的远大抱负，可堪称天下名士的李邕，竟然也目光短浅、心浮气躁，李白只感觉可笑、可恨，并断定此人配不上“名士”二字。

诗中的“宣父”就是指孔子，话说孔子在去他国讲学的路上，曾因一个小孩聪明、睿智的回答，连呼“后生可畏”，并为他调转车头，放弃讲学。

万世之宗孔子尚且如此爱才、重才，区区一个李邕竟如此狂妄自大，欺辱后生少年。李白在这里抬出孔子的典故讽刺李邕，可谓毫不留情。

据史书记载，李邕“素负美名，……人间素有声称，后进不识，京洛阡陌聚观，以为古人。或传眉目有异，衣冠望风，寻访门巷”。在唐代开元初年，李邕堪称文化界的娱乐明星，是娱乐圈的文化名人，名声煊赫。

但，二十来岁的毛头小子李白，敢指名道姓申斥、抗辩，“太白金星”的光芒、胆识，可见一斑。

强扭的瓜不甜，强走的路不通。位高权重的人不见得能帮得上忙，身份低位者说不定能雪中送炭。

峰回路转，蓦然回首，贵人就在不远处。

虽遭遇了挫折，但不久后，李白就遇到了真正欣赏自己的人——同在渝州，掌管军事、财粮的官员宇文少府。

少府赠给李白一套桃竹书筒，李白曾作诗赋对此物进行了细致的描绘，“良工巧妙称绝群”，可见书筒之精美。

书筒上面还雕刻着岷江、嘉陵江等处风景，印着巫山十二峰的倩影。宇文少府在赠送书筒时，附赠对李白的敬仰之文。

在李邕处遇冷的李白，遇到如此赏识自己的知音，遂大为感动，留下诗句聊表胸怀：“千里提携长忆君。”

李邕的轻视，的确在某种程度上伤害了李白；但是宇文少府的热情，却又温暖了李白的内心，说雪中送炭也不过如此了。相信，宇文少府若未送如此贵重的礼物，只是表达对李白的崇敬之情，估计李白也会记一辈子吧！

李邕虽才华盖世，但在为人为官方面，不够收敛个人锋芒，不懂为彼此留点余地，对待少年才俊也过于苛刻了。

一个冷脸，暴露弱点，品行遗臭万年；一句暖话，种下情谊，美名流芳百世。

在非议中坚持自己，知遇之恩永留心间。

王孙贵族，也不过凡人肉身；虚与委蛇，并非“太白金星”本色。

畅叙幽情

蜀国多仙山，峨眉邈难匹。
周流试登览，绝怪安可悉？
青冥倚天开，彩错疑画出。
泠然紫霞赏，果得锦囊术。
云间吟琼箫，石上弄宝瑟。
平生有微尚，欢笑自此毕。
烟容如在颜，尘累忽相失。
倘逢骑羊子，携手凌白日。

——《登峨眉山》

峨眉多歧路，勇在敢攀登。

干谒的暂时失败，让李白尝到了成人世界的苦涩。

屋漏偏逢连夜雨，李白的父亲李客在这时去世了。其后的三年，李白以半隐居的状态度过。父亲曾是他童年的一座山，精神上的靠山此时轰然崩塌，李白内心十分苦涩。

李白作别家乡渝州，离别时的诗人，内心沉甸甸的，异常失落。但，好在，他还年轻；好在，时间还够。

眉间的确有失意，但心底里依旧昂扬，还是那么意气风发，追求成功的熊熊烈火依然炙烤着年轻的心。

李白有自信，天地之大，总有大鹏鸟展翅之所；风雨之路，也总有阳光普照那一天。

纵观李白的一生，很多人难免会揣测，若他也如普通秀才，按部就班、规规矩矩走科举之路，有生之年，会有出头之日吗?

旷世才学能助他脱颖而出，但盛世光年，有才之人千千万，出头绝非易事。出不了头，治国宏愿和政治理想就无法实现。

李白决定不走寻常路，说不定另辟蹊径才能独占鳌头。

抑或李白根本走不了寻常路。李白是豪放的，亦如他的文。在钩心斗角、尔虞我诈的官场上，想杀出一条血路，仅靠才气怕是远远不够，还要懂迂回、知退让、晓计谋、会妥协，但有了这些弯弯绕绕，怕是要折损李白多半的骄傲。没了骄傲的李白，哪里还算得上是“太白金星”呢?

率真是诗文的魂魄，纵情是才华的纹理。

这种人，归根结底，不是学不会迂回逢迎的诀窍，而是不屑于学。但若听从个人秉性，那扶摇直上的希望必然渺茫。若他果真甘为权术折腰，怕是这世间又要多一名庸庸碌碌的小官，少一个旷世奇才了。

这，才是最大的损失。

离开渝州后，李白首次登上峨眉山。峨眉山，位于四川省乐山市峨眉山市境内，为“佛教四大名山”之一，山体巍峨耸立，植物繁茂葱郁。据《峨眉郡志》记录：“真如螓首蛾眉，细而长，美而艳也，故名峨眉山。”

在李白称不上漫长的人生中，他曾多次登临峨眉山，然而唯有这次，堪称他成年后，不断交往游历、纵览美景、放飞想象的开端，是李白走上盛唐诗歌之巅、成为旷古奇才的标志性一步。

峨眉山，也有幸见证了李白艺术造诣的初长成。在峨眉山，诗人留下了这首直抒胸臆的诗文。

蜀国多仙山，峨眉邈难匹。
周流试登览，绝怪安可悉？
青冥倚天开，彩错疑画出。
泠然紫霞赏，果得锦囊术。
云间吟琼箫，石上弄宝瑟。
平生有微尚，欢笑自此毕。

烟容如在颜，尘累忽相失。

倘逢骑羊子，携手凌白日。

割裂时代背景谈作品都是耍流氓。

峨眉山是唐代佛教名山。在蜀地，绵延不绝的群山之间，峨眉山鹤立鸡群，被朦胧缥缈的云层缠绕，无法看透、无从窥探。若攀爬而上、身临其境，唯见层峦叠嶂，仿佛置身仙境，让人忘乎所以，沉浸在大自然的鬼斧神工之中。

初次登临峨眉山，峨眉山的巨大魅力给了李白无与伦比的感受，兴之所至，诗人写下了《登峨眉山》这篇名作。

山峰鳞次栉比、犬牙交错，这个景象带给他强烈的视觉冲击。李白选用代表短促雄壮的四声为韵，一韵到底，每段首句采用平声，平声在音调上有振音激响的作用，读起来会产生参差对比之感。

李白身着青布长衫，脚踏软绵草鞋，攀岩探沟，登险峰、寻落瀑，小憩时休会林间阳光的斑驳陆离，行走时感受泉眼的生生不息。

随着足迹的深入，看似已无路可走，四周却又都能闯出一条路。

在茂密森林间、在数不清的泉眼溪流里寻觅宝藏，难以穷尽。五光十色的奇异景象时不时闪现，仿佛穿行于云端之上，却又常常别有洞天，逐渐达到了物我两忘、天人合一之境。

除非有神笔，否则无法用画卷记录如此美景。若能借此参透长生不老之秘诀，修得老庄的锦囊秘术，那羽化成仙也不是妄想。

浸淫于红霞翠霭间，心与天和，似能参天地之奥秘，赏宇宙之奇观，成仙之术似也近在咫尺。

诗意地栖居，正如李白登峨眉。诗歌升华人的灵魂，而内心的安宁又赋予诗歌以灵性。

露水打湿衣襟，枝丫摩挲着皮肤，扎系头发的纶巾也丢失了，头发飘散在颈间，他浑不在意，超然物外，怡然自得。

诗人走累了，在林间休息，吹着山风，饮着泉水。此情此景，李白感动于心，于是从口袋里取出一柄箫，轻启嘴唇，略微吹奏，箫声响彻云霄；拿出古琴，在光滑的石头上弹奏，连泉水都伴着乐声欢快起舞。

中天之时，阳光透过云层，若万条宝剑齐出鞘，金碧辉煌，似有佛光万丈，普度人间，云烟退去，晴光曜日，光环夺目。

世俗消散，百虑涤尽，唯有此时此刻，才是曾经存在过的证明。

哲学家云，俗人想审美超越，无外乎通过学习哲学、修习艺术等方式实现，其实，放身自然、与世界融为一体，承袭老庄的风范，亦是一种方式。

荣华富贵从此忘怀，与己无关。在自然中快慰平生，在草木间畅叙幽情。人生至此，足矣。

此时的李白，超越了凡胎肉身，完成了一轮审美的巅峰体验。

情绪攀至高潮，他希冀如“倘逢骑羊子，携手凌白日”。

这里有个典故，传说峨眉山有个仙人，名叫葛由。“骑羊子”即葛由。

据《列仙传》卷上记载：“葛由者，羌人也。周成王时，好刻木羊卖之。一旦骑羊而入西蜀，蜀中王侯贵人追之上绥山。绥山在峨眉山西南，高无极也。随之者不复还，皆得仙道。”葛由骑羊登上了峨眉山，并成仙飞升不复还，当时有人搭着葛由的“便车”，也成了仙。

李白，此刻也希望仙人显灵，自己能乘借此机会脱离尘世，求得仙位。

有读者深感奇怪，李白之前还在拜谒名人求“提携”，现在又怎舍得放弃人世间的繁华，飞升成仙呢？况且，他时年24岁，正是身强力、风华正茂之时。

其实，细细分析一下，便能明了诗人内心。

太白金星降落尘世，自然胸怀远大抱负。然而，欲望多了，够不到会累；梦想久了，实现不了会倦。

峨眉山的奇妙景色，冲淡了诗人的野心，为他烦躁的内心提供了一个暂时的缓冲。

蜀地本就道教盛行，李白自幼浸淫其中，虽后有求取功名之意，但少年时代的梦想总会在心底留有踪迹。同时，峨眉山景色优美，恍若仙境，置身其间，有出世之想也并不足怪。

最重要的是，干谒名士受挫、父亲辞世、壮志难酬的落寞也让李白有了暂且逃避的想法。若真能寻仙成功，也不枉放弃一世的功名利禄了。

但寻仙不过是闲暇游玩，主业依然是求取功名。

李白的梦想是世俗的，性格却饱含了天真。他很矛盾，想问道成仙，却又心怀济世安邦、居庙堂之高的理想。

求功名受挫，就做起了长生不灭之梦，于诗人，是精神的自娱，是心灵的自慰，也是某种疗伤、某种排解。大自然的雄浑，总能恰到好处地安抚诗人的伤痛，助他重整旗鼓。

峨眉山行，本是李白的一次低谷，但，不甘寂寞的诗人，习惯于把情绪排解于畅游的路上。打破常规，勇于结识新人，这未尝不是改变心境的好方式。人生低谷时结识的朋友，印象总是那么深刻、难以忘怀。

果然，在峨眉山，诗人不止化解了颇有些郁结的情绪，还遇到了一个妙人——后来在他的诗作中反复出现的“元丹丘”。

“元丹丘”，可谓李白的“粉丝”们最耳熟能详的一个名字，先不说如雷贯耳的《将进酒》，在《李太白全集》中，写给元丹丘的诗就有十几首。

除了“丹丘”，李白还称他为“逸人”。李白曾直接向其表明心迹：“吾将元夫子，异姓为天伦。”“故交深情，出处无间。”

来个对比，大家就更能明了此人在李白心目中的地位。李白写给知己杜甫的诗，也不超过十首，可见与元夫子交往之深。

这元丹丘虽是当时的隐士，却十分“著名”，因他还是资深的道家生活崇尚者，热爱学道谈仙，平时的拜访者络绎不绝。

峨眉山的景色涤荡了诗人的身心，而结识了同慕玄学之人，更是妙哉、妙哉！下山时，内心的包袱和负能量，都卸载掉了，李白再次轻装上阵。

生活如流水，生生不息。

仿若昨日，又颇有些不同。有阴冷潮湿，也有阳光普照。

世人总有自己的路要走，每条路都不同，难有共鸣。

既然选择了自己的路，唯有耐心修行，方能得始终。

山居小憩

未洗染尘缨，归来芳草平。
一条藤径绿，万点雪峰晴。
地冷叶先尽，谷寒云不行。
嫩篁侵舍密，古树倒江横。
白犬离村吠，苍苔壁上生。
穿厨孤雉过，临屋旧猿鸣。
木落禽巢在，篱疏兽路成。
拂床苍鼠走，倒箧素鱼惊。
洗砚修良策，敲松拟素贞。
此时重一去，去合到三清。

——《冬日归旧山》

超脱是暂时的，平淡如水才是生活的底色。

暂时抽离，不是倒退，反而是在酝酿新的起点，以便更好地出发。

生命不会永远晦暗，星星点点的光亮，也是前行的鼓励和加油站。

重回人间，现实的气息扑面而至。

李白的心境已悄然发生了改变。都说旅游能改变一个人，其实，未尝不是游览的地点与素常所见不同，让伤痕累累的内心和运转过度的大脑有了短暂的休息。

当然，改变也来自旅途中的见闻和新朋友的启发。经过山水的洗涤，内心沉淀下来，人更成熟了，心态也更平和了。

旅途的劳顿需要一个宽松、熟悉的环境来消解。

李白回到“旧山”——昔日的大匡山，这里有曾经朝夕相伴的植物，有绝不会迷路的道路，也有萦绕记忆里的乡间味道。

整理思绪，过往的几年，似乎没什么收获，白折腾一场；但仿佛又在心间留下很多回忆，偶有采撷不禁露齿一笑。

得到，总在失去之间。

李白回忆起苏颋的话“广之以学”，遂决定安心故纸堆，在隆冬之际等待春暖花开之日。

归来旧居，却发现，自己的居所已成为飞禽走兽的家，破败至极。诗人见状颇为惋惜，因此作《冬日归旧山》。

未洗染尘缨，归来芳草平。

一条藤径绿，万点雪峰晴。

地冷叶先尽，谷寒云不行。

嫩篁侵舍密，古树倒江横。

白犬离村吠，苍苔壁上生。

穿厨孤雉过，临屋旧猿鸣。

木落禽巢在，篱疏兽路成。

拂床苍鼠走，倒箧素鱼惊。

洗砚修良策，敲松拟素贞。

此时重一去，去合到三清。

这是一首排律，视角有移步换形之感，描写了大匡山的旧景，虽有留恋之意，却是出发前的奏鸣曲，表达为实现远大抱负积极做准备的想法。

踏上通往老屋的小径，诗人的内心突然有几分激动，亦有几分急切。

迈进小院，首先映入眼帘的是挂在门边的旧草帽，上面已布满灰尘，看不清原本的颜色，甚至有蛛儿已在上面结了网。

已入寒冬，山峰上的冰雪在阳光下闪闪发光。经常在梦中重走的山间石板路，爬满了质感粗壮的老藤，仿佛大山苍老的血管。

人迹罕至的旧居一派荒凉，因父亲去世，无人照料，已成雉鸡、野猿、鼠类等小兽奔之地。来到往日藏书的角落，翻看一本昔日的枕边书，灰尘呛鼻，蛀虫像下雨一样纷纷落下，这书也是不能再看了！

昔年旧时，父亲忙前忙后为自己布置了温馨的小书屋，其后经年累月在灯前苦读的景象仿佛就在眼前。

思绪回到现在，目力所及，是衰败，是颓废，是晦暗，是压抑，遗憾、懊丧是难免的。

许是旧事挂心头，许是新路未觅得，许是物是人也非，回到老家几日，李白的心不仅没变得踏实，还日渐烦躁起来。

作诗也罢，温故也罢，都无法再像年少时那般单纯自在，对新知识也难保持盎然兴致。

心中有梦想，有抱负，是好事，但也是杂音。终究纷纷扰扰，不得安宁。读书反被功名累，读起来也有了几分沉重、迟钝，不复少年时的一目十行。

但，诗人没有因环境的不堪而颓废，反而开始打扫旧屋，清理出一块清静之地，并马上进入了阅读和学习状态。李白相信，扎实的知识、深厚的才学，才是通往成功的捷径。

山林间生活，寂静、冷清，却又悠然自得。

能举杯邀明月，可低头赏落花；能水中弄清影，可舞文又弄墨。清冷的环境里，李白酝酿着再次启程，他等待着恰当的时机。

冬去春来，大地变得温柔，河流变得欢快，小草再次翠绿，生机再次焕发。

经过了严冬的磨砺，年轻的心蜕变了，思维更加热切活络了，新的想法已经产生。

初春，李白踱步在乡间小路，带着这几年所积累的阅历去观察，他再次发现了匡山周边的美。

清晨，总有那么一层薄雾，如梦似幻，好像丝带般缠绕着、装点着群山。晨光倾泻下来，枝叶上的露珠泛着光彩，颤抖着、晶莹着、好奇着，闪现了整个旷野的全貌。

静谧的村庄，连虫儿的低吟都如此清晰。一切都那么熟悉，令人心旷神怡。

也许，有的人就喜欢生活在熟悉的环境里，才安心，才稳定，才能没有后顾之忧，才能消解迷茫恐惧。

很多人，从没离开过家乡，没见识过长安的灯红酒绿。于他们，守着这山、这水、这树、这屋，足矣。但李白做不到，他骨子里透着不安分，看尽江山、阅尽人生才是他的使命。

漂泊，早已写进了他的基因；流浪，堪称李白本色。

巴蜀之地，鸟兽繁多，不安分的因子在血脉中绵延，突出重围的野心在代与代之间传递。李白，也不能免俗。

能代表家乡的符号，可以是悠然的慢坡渡，是傲然的巴蜀风骨，也可以是峨眉山奇伟的丹霞、青城山终年的葱绿。

这些，李白都不能忘怀。向内，他探索本真；向外，他充满幻想。对内愈了解，对外愈渴望。

诗歌最后一句“此时重一去，去合到三清”。此时，诗人已经厘清头绪，在内心纷繁的想法中，找到了自己的终极渴望——去更远的地方看看，去长安，去最繁华之地寻找对自己人生的新定位。

至此，李白觉得已完成了在家乡的心灵沉淀。

诗人知道，自己已做好准备，可以尝试去外面的世界开拓城池。这几年在蜀地游历的经历也让李白明白，必须离开这里，才有机会遇到更多赏识自己的人，才更有可能实现理想和宏愿。

天大地大，哪里还不能容身？年轻的人生才刚刚开启，天高任鸟飞，有多大本事，出来耍耍就知道了。

开元盛世，就在眼前。我们的诗人，已经在路上了。

远方的世界，有荆棘，有风雨，亦有彩虹，有喜悦。

这一次，他的脚步非常坚定。

未来，也许有道不尽的愁肠苦怨，也许有说不完的把酒临风，也许有道不明的惆怅遗憾，也许有说不清的恣肆风流。

出发前的当下，没有丝毫哀愁。

诗人倚着山河落日，诉说豪情万丈。

江山为原型，原型壮美；命运为画布，画布雪白。

一切都已就绪，只等着“太白金星”来尽情挥洒。

难上加难

噫吁嚱，危乎高哉！蜀道之难，难于上青天！蚕丛及鱼凫，开国何茫然！尔来四万八千岁，不与秦塞通人烟。西当太白有鸟道，可以横绝峨眉巅。地崩山摧壮士死，然后天梯石栈相钩连。上有六龙回日之高标，下有冲波逆折之回川。黄鹤之飞尚不得过，猿猱欲度愁攀援。青泥何盘盘，百步九折萦岩峦。扪参历井仰胁息，以手抚膺坐长叹。

问君西游何时还？畏途巉岩不可攀。但见悲鸟号古木，雄飞雌从绕林间。又闻子规啼夜月，愁空山。蜀道之难，难于上青天，使人听此凋朱颜！连峰去天不盈尺，枯松倒挂倚绝壁。飞湍瀑流争喧豗，砯崖转石万壑雷。其险也如此，嗟尔远道之人胡为乎来哉！

剑阁峥嵘而崔嵬，一夫当关，万夫莫开。所守或匪亲，化为狼与豺。朝避猛虎，夕避长蛇；磨牙吮血，杀人如麻。锦城虽云乐，不如早还家。蜀道之难，难于上青天，侧身西望长咨嗟！

——《蜀道难》

山水风光同一色，人人眼中各不同。

寓情于景，用景传情达意，是古往今来文人骚客的一贯做法。

在李白之前，有陶渊明和谢朓。这两位都是李白尤其推崇的山水大家，可以说，李白是这两个人的小“粉丝”。李白不是山水田园诗人，但是他写的山水诗，却无人能出其右。

用现在的话来说，陶渊明的山水诗，有些小资的味道，对生活观察细致，能见微知著。谢朓的诗，设计精巧、构思精美，可用一个“妙”字来形容。

而李白的山水诗，却雄奇、清隽、漂移、豪放，不着痕迹，天才尽显，无从模仿。

很多成名的作家，总会有一个困扰——怎么调跳出原有风格，不断创新。就好像很多影视演员，演惯了正派角色，仿佛脸上戴着“好人”的面具，再也演不了反派。

李白自然没有这个问题，他是一个天才，他有崇高雄伟的气魄，有燃不尽的野心，又有能驾驭这野心的才华，更有最富浪漫主义的激情，还有处于巅峰状态的想象力。

但，如此天才也有烦恼，他正苦于无人赏识。于是，李白创作了《蜀道难》，借大自然山峰的奇险来表达自己仕途的波折。

噫吁嚱，危乎高哉！蜀道之难，难于上青天！蚕丛及鱼凫，开国何茫然！尔来四万八千岁，不与秦塞通人烟。西当太白有鸟道，可以横绝峨眉巅。地崩山摧壮士死，然后天梯石栈相钩连。

上有六龙回日之高标，下有冲波逆折之回川。黄鹤之飞尚不得过，猿猱欲度愁攀援。青泥何盘盘，百步九折萦岩峦。扪参历井仰胁息，以手抚膺坐长叹。

问君西游何时还？畏途巉岩不可攀。但见悲鸟号古木，雄飞雌从绕林间。又闻子规啼夜月，愁空山。蜀道之难，难于上青天，使人听此凋朱颜！连峰去天不盈尺，枯松倒挂倚绝壁。飞湍瀑流争喧豗，砯崖转石万壑雷。其险也如此，嗟尔远道之人胡为乎来哉！

剑阁峥嵘而崔嵬，一夫当关，万夫莫开。所守或匪亲，化为狼与豺。朝避猛虎，夕避长蛇；磨牙吮血，杀人如麻。锦城虽云乐，不如早还家。蜀道之难，难于上青天，侧身西望长咨嗟！

这首诗，据传说是李白首次抵达长安，拜谒贺知章时献上的作品。贺知章称此诗“可以惊天地泣鬼神”。

说李白靠《蜀道难》一文一战成名，并不为过。

《蜀道难》的标题，并非李白首创，这原本是乐府诗中古已有之的题目。李白之前的历代诗人，也多用此题描写蜀地的崎岖蜿蜒。

其实，关于蜀地的险峻，李白早已创作过多首类似的诗作。但，唯有此篇在已知的同类作品中独树一帜，下面我们就来分析一下这首诗的与众不同之处。

诗歌开篇，作者直接点出蜀道的险峻艰难：太难攀登了，简直比登上青天还难！用强烈的感情为全诗奠定高昂、雄壮的基调。

“蜀道之难，难于上青天。”此后，这千古名句仿佛高音咏叹调，在全诗反复出现；仿佛回环往复的主旋律，不断激荡着读者的心弦。

接着，作者进一步阐述道：蜀道难走，并不是现在出现的，那可是由来已久啊！

蜀道，是古人们翻越秦岭，爬过大巴山，到达关中平原、汉中盆地、城东平原的几条古驿道的总称。

蜀道，从地理位置上看，横穿了秦岭、巴山山系，纵向贯通了南北地理分界线，是秦、陇、蜀三地的交通枢纽。

从秦岭起，进入蜀地，首先遇到的就是太白峰，然后便是诗里提到的青泥岭、剑阁，一路都是峭壁悬崖，异常陡峭险峻。自古以来，这里便流布着各类传说。

据史传，蚕丛和鱼凫这两个人共同建立了蜀国，但因年代久远，他们开国的具体时间无从考究，自从建国起，至今大约有四万八千年了。

虽已建国这么多年，但这蜀道自始至终都因地势险要无法往来沟通。

蜀道在太白山西部，有个低缺之处，只有飞鸟能横渡，据说从那里能抵达峨眉山顶。

“地崩山摧壮士死”，历朝历代，不断有人尝试开山凿路。蜀国就曾有五位壮士，在开山时，他们因遭遇山崩地裂而惨死。在这里，诗人用了“五丁开山”的神话，为全诗渲染了神秘、恐怖的色彩，引人入胜，开启了全诗的序幕。

从“上有六龙回日之高标”到“使人听此凋朱颜”为第二部分，诗人极力渲染山势之高、之险峻、之危险。

抬头仰望，高耸的山峰直入云霄，仿佛与天空相连接，甚至还挡住了太阳。往下看，山涧深不见底，不断有汹涌的波涛激烈拍打着两旁的悬崖峭壁，暗河回环曲折，左冲右突，不断猛烈撞击着岩石。

诗人将夸张的修辞手法运用在叙述神话的过程中，极言蜀道所处的山之高、崖之险。如此崇山峻岭，如此人迹罕至，哪里走得通呢?

怎么，您不信?

诗人马上采用两句实写——看，那展翅有几丈宽的仙鹤，无功而返；那擅长攀援的猿猴，也知难而退；单凭着两条腿的人类，将更难逾越!

据古代《元和郡县志》记载，青泥岭“悬崖万仞，山多云雨”，是唐代重要通道。这里峰回路转、山势险峻，行人小心翼翼、如履薄冰。

诗中几个生动的细节，描述了攀爬过程中的情态和动作，再现了旅人登山时那种胆战心惊、充满畏惧的状态。

爬到山顶时，一伸手就能碰到天顶上的星辰，此时此刻，呼吸仿佛都停止了。望向周边，幽谷悬崖深不见底，黝黑莫测，弥漫着终年不散的浓雾。

看到这番恐怖景象，行者双手捂住胸口，心脏似要被惊得跳出胸膛。此时，很多看客又惊又吓又累，早已筋疲力尽，坐在地上连连叹息。

每每读此诗，都仿佛在看电影，一帧帧画面的从眼前闪过，栩栩如生，如临其境。

李白行路到此，似乎陷入了绝境——古木参天、鸟类灭绝，向上无法触天，向下无路可退。

他却话锋一转，用“问君”二字直抒胸臆，抒写了游子客至他乡的哀愁。旋律由高转低，营造了悲凄的氛围。

“悲鸟号古木”“子规啼夜月”两句诗，描述了关于杜鹃啼血的绝望哀伤、闻者垂泪等画面，赋予自然景观浓厚的个人感情色彩，渲染了旅途中，那种愁苦心情绵延不绝、挥之不去的状态，也为蜀道营造了孤寂苍凉的环境气氛，有力地烘托了攀爬蜀道之难。

“连峰去天不盈尺”，绵延不绝的蜀道，远远望去连着天际，伸手触天也不过一尺的距离了。从这里至全篇结束，用山川整体的险要，再次突出蜀道难行。每每读至此处，仿佛身临其境，不禁与作者产生深深的共鸣，甚至会不由自主地屏住呼吸。

然而，到这里全诗还没完结，一句“枯松倒挂倚绝壁”点明了山势本身的险要。山路崎岖陡峭，难行之至，旁边就是深不见底的悬崖、绝壁，望而生畏。

这一部分，李白由静到动，描摹出一幅山涧水击打着峭壁、山谷轰鸣不绝的画面。仿若精心剪辑过的电影镜头不断闪过：连绵起伏的群山，遮天蔽日的古木。

紧接着，一个特写——枯松倒挂在绝壁上，蔓藤攀爬在石缝间。之后，一个长镜头中连续闪过一系列的景象，急速奔走的激流、快速坠落的瀑布，惊起的水雾、击碎的岩石，互相比拼着谁的声音更大，仿若雷鸣霹雳，不绝于耳。

此情此景，诗人多次采用感官描写，让蜀道之“难”，“动”了起来，“活”了起来，仿若以排山倒海之势，给读者心理上造成巨大的压迫感——说试着攀爬、穿行于蜀道，就是远远看着，都心惊胆战！

若有人能采用现代科技，将3D技术融入电影，实录蜀道之难，把这种奇幻画面以似真亦幻的手段展现出来，定会赢得不错的票房吧！

诗中，“连峰去天不盈尺”“枯松倒挂倚绝壁”“扪参历井仰胁息”“猿猱欲度愁攀援”等，都是十分精彩的画面。

奇幻风光，目不暇接，险象丛生。

诗文的最后，李白提到了蜀中要塞剑阁。

在大剑山和小剑山之间，有一条长达三十里的陡峭栈道。无数山峰，仿佛宝剑倒插在山谷里，绵延成片，耸立入云。

惊悚、孤立、隔绝、阴郁、死寂。

剑阁，便是险中最险，是绝壁围城的一道天然要塞，地势险要，易守难攻。

西晋文人张载在《剑阁铭》中曾云：“形胜之地，匪亲勿居。”无数土匪山大王、军阀部队、游兵散将曾在这里割据称霸。

李白化用此句，暗示当时政局混乱，表达了作者对战乱的忧虑，劝诫世人对乱世保持几分警惕。

蜀中悍匪杀人不眨眼，“磨牙吮血，杀人如麻”。天宝初年，表面太平，却危机四伏。不久后，安史之乱爆发，侧面印证了李白的忧虑。

回首一生，李白不断寻求机会去建功立业。

虽是太白金星转世，但在那样的盛世，想从一个边关的草根阶层，一步登天成为朝廷重臣，其难度不亚于愚公移山、精卫填海。

但，李白偏偏就那么自信，那么有勇气，豪情万丈地要做天下第一人，不惧艰险、不畏困难。《蜀道难》便融入了这种英雄气概和无惧无畏，震撼并鼓舞着一代代的读者。

除此之外，《蜀道难》之所以扣人心弦，还因为字里行间洋溢着的浪漫主义激情。

面对规则、制度，诗人放浪形骸；面对金钱、宝物，诗人满不在乎。

自然的奇伟，却让李白深深折服。

他的诗，不是单纯理性、如实客观的记录，而是赤诚之心的展现。

经过浪漫主义激情的渲染，李白的笔触着眼于险峰错落、飞流湍急、剑阁峥嵘，将写景、抒情融会贯通，奇幻的想象、大胆的夸张、信手拈来的神话传说，统统融为一体。

在《诗镜总论》中，陆时雍曾评李白的诗：“驰走风云，鞭挞海岳。”透过这种凌厉的笔锋，亦能想见李白“兴酣落笔摇五岳，诗成笑傲凌沧洲”的伟岸形象。

在《蜀道难》中，李白诗情迸发，创造力爆棚。这首诗文之所以堪称绝唱，离不开对韵律的巧妙安排。

唐之前的齐梁时期，诗风绮丽、韵律严格，有些诗给人呆板、迟滞之感，形式单一，内容单薄。

在描写蜀地之险要时，李白三换韵脚，变化多端。评论家殷璠曾在《河岳英灵集》中形容此诗：“奇之又奇，自骚人以还，鲜有此体调。”

李白采用了长短不齐的语言风格、参差错落的韵律，丰富了诗文内容，变化了单一的节奏，突破了旧时代一韵到底的固定模式。

李白之后的唐诗，形式多变、内容充实，虽不是李白一人之力，却不得不说他是开山鼻祖。

除了用韵，李白还大胆创新了乐府古题，令诗句散文化，字数有三言、四言、五言、七言，直到十一言，变化多样、精彩纷呈。

也有人曾说，《蜀道难》是中国诗歌技巧最复杂的一首。就连“四明狂客”贺知章面对《蜀道难》，也“读未毕，称叹数四”，称李白为“谪仙人”。

李白暴风骤雨般的诗文，开创了唐代诗歌创新的先河。诗歌情感充沛，技巧变化自如、运用娴熟，盛唐的《河岳英灵集》中评价此诗："可谓奇之又奇，然自骚人以还，鲜有此调也。"

若论空前绝后，也不过如此吧！

《蜀道难》创作于《行路难》和《剑阁赋》之后，大约是前两首诗文不能吐尽胸中块垒，借着送别友人，感叹一下蜀道之难攀登，进而表达当时诗人的惊诧与愤懑。

虽然行蜀道难于上青天，但诗文却没有一丝丝抱怨或者畏缩不前的情绪，反而流露出不灭的自信、无可比拟的勇气、保留体力继续战斗的坚忍不拔。

此时的李白，早已褪去初出茅庐时的青涩。求取功名的过程中，遭遇了种种波折，历经了重重磨难，对家乡的思念啃噬着他、现实的残酷打压着他，心灵难免受伤，灵魂难免搁浅。因此，蜀道艰难，还蕴含着"长恨人心不如水"的深意。

桀骜不驯、放荡不羁，体现在诗歌里，是千古流传的佳句；体现在风格上，是历代崇拜的偶像。

颐指气使的官僚作风、虚与委蛇的复杂人心、盘根错节的人际关系，让恃才傲物的李白有些适应困难。心里郁积的话需要倾诉，积压的情感需要宣泄。

现实虽残酷，但凭着诗人的才气，也许适当夹起尾巴做人，偶尔主动逢迎谄媚，能遇到更多贵人，赏识自身的旷世才学，而后一步登天实现治国安邦之梦想。

但这么做，对李白来说无疑是“难于上青天”。如此作为，仿佛一条不归路，不是李白的风格，他做不到。

自己选择的路，跪着都要走完。

有人把《蜀道难》的境界与贝多芬《命运交响曲》的氛围进行了比较。

一位处于创作鼎盛期的音乐家，却突然失聪，其后创作的《命运交响曲》成为绝唱。这样的经历，与李白的旅程，似有异曲同工之处。

在跌宕起伏的乐曲声中，我们看到了一个被命运巨手不断揉捏的英雄形象，不屈不挠的意志帮助这位英雄战胜了命运，他为自己赢得了最后的尊严。

高低错落的音符象征的艰难命运，与狼牙犬齿的蜀道所代表的追梦之路，有着惊人的相似。

一生中，李白曾多次创作诗文提及蜀道，蜀道难攀，但他却反复回到蜀道这个意象，通过作诗表达征服它的决心。

这三番四次的相遇，也许是命运使然，也许是有意为之。

希腊神话中，有个著名的故事，讲述了不断滚石上山的西西弗斯。西西弗斯触犯了诸神，诸神为了惩罚他，要求他把一块巨石推上山顶。

那巨石太重了，还未达山顶便再次滚落，西西弗斯只好不断重复、永无休止地推石上山。诸神认为，不断复制的无望，是对一个人精神和肉体最大的惩罚。

正如蜀道之艰难、官场之险恶，李白心怀天下、志向高远，为了建功立业，他反复尝试，尽管屡屡碰壁，却屡败屡战。

也有人认为西西弗斯是快乐的，他的快乐是有代表性的，代表着始终接受命运安排的个体。他不怨怼、不停止、不纠结，他选择接受命运，努力完成使命。

有人认为西西弗斯很“痛苦”，但子非鱼，焉知鱼之乐?

也许，西西弗斯的内心是平静的、温暖的，对他来说，幸福不在于停止滚石上山，而在于关注当下，做出选择并采取行动。

对自己负责，才是西西弗斯快乐幸福的源泉。这高山、这巨石，就是西西弗斯的整个世界。

西方作家、哲学家加缪认为，西西弗斯爬上山顶所要进行的斗争，本身就足以使一个人的内心感到充实。

也许，生命的真正救赎，不是凤凰涅槃、生杀决断，而是能于平凡中见感动，于苦难里觅真谛。

家不在远方，不在蓝天碧海处，不在清风旷野间，不在落日长河里。

也许，随处皆可为家；也许，心安之处即家园。

攀爬蜀道，跟西西弗斯滚石上山一般，通过采取行动、付出努力，而在苦难之中挖掘力量、寻得安宁。

这，虽可谓悲剧，也可谓救赎。

当认识了自己、了然了宿命、知晓了前程，这不意味着被打败，而是某种重生。

生命不息，奋斗不止。

前进的道路上，诗人将永不言弃。

第二章 壮气凌云

有些路，只能自己走；有些风景，只能自己看；有些事，只能亲身经历。

生命，就是永远在路上的一场修行。江湖夜雨也好，春风得意也罢，不卑微，不自负，不目空一切，不好高骛远，走下去，无论多么坎坷、多么孤单，不放弃便能赢得尊敬。

仗剑远游

渡远荆门外，来从楚国游。

山随平野尽，江入大荒流。

月下飞天镜，云生结海楼。

仍怜故乡水，万里送行舟。

——《渡荆门送别》

远方，代表了不确定，充满了未知数，写满了意外，布满了惊喜。

正是这种“失控感”，才令人神往，才引人入胜，才让人想去控制、去征服、去战胜。也正是这种“不确定”，才为梦想生根发芽提供了沃土。

远方，是一个相对的概念。想去之地，也许恰好是别人逃离之处。

青葱年少时，内心懵懂着、单纯着，坚信只要有勇气，在哪里都能生根发芽。

垂垂暮年时，内心低吟着、盼望着，蓦然回首，家乡成了回不去的远方。

但，人生没有回头路，没有马后炮，没有后悔药。

人生须靠自己走，走过很多路，蓦然回首时，才有条件谈感想，才有资格发牢骚。

路走得远了，世面见得多了，激情散尽了，新鲜感消失了。原来，看尽了世间繁华，不过是为了寻找更好的自己。

李白，也出发了。

他明白，蜀地容不下他的抱负，仗剑远游才是唯一出路。

自始至终，李白看好这个盛世，他充满自信，相信自己一定能找到施展才华之地。

离开熟悉的家乡，仿佛断掉了为婴儿提供养分的脐带，但，李白有万丈豪情，他不怕这种隔绝。追梦之人，始于雄心。

远方，有烟雨朦胧，有霞光灿烂。

才华是李白的标签，也是他的敲门砖，旷世才学将助他拼出一方天地。即便是夕阳惨淡，他也不惧怕，他能化腐朽为神奇，幻化出歌舞升平，也有决心把云淡风轻演绎成绝世长虹。

25岁时，李白辞别家乡，乘舟驭江而行，离开夔门，来到大巴山外。背负着亲人挽留的目光，沉甸甸；奔向更广阔的生命之旅，喜洋洋。

李白这次出蜀，由水路乘船远行。

举目望去，两侧群山仿佛屏风一样，徐徐次第展开。行船途经巴渝，出三峡，直向荆门山之外驶去。李白准备到湖北、湖南一带的楚国故地游览。这首诗便李白出蜀时所作：

渡远荆门外，来从楚国游。
山随平野尽，江入大荒流。
月下飞天镜，云生结海楼。
仍怜故乡水，万里送行舟。

“渡远荆门外，来从楚国游。”李白意气风发，兴致盎然地观赏巫山沿途风光。两岸崇山峻岭绵延不绝、高耸入云，云霞缥缈，仿佛人间仙境。群山之中，又似有野兽出没，更增添了别样趣味。

“山随平野尽”，描摹出行船时所观景象不断变化的状态。行船顺流而下到达荆门一带，群山逐渐低矮，慢慢平缓下去，最后竟然一头扎进了旷野平原，地形顿时变得一马平川，视野开阔明朗起来。

仅仅五个字，高度概括出离开三峡、渡过荆门山后的景色变化——漫游长江，激浪中漂流，感受着波澜壮阔的山河景色。

突然，群山全部消失，河流进入平原区，之前群山的鳞次栉比仿佛只曾出现于梦中，左右均寻觅不到，唯有眼前的平原景象。

这句诗里，最生动的便是“随”字，一动一静，瞬间变幻。立体、起伏的山峦，是跳跃着的精灵，在仿若缎带的彩云缠绕下婀娜舞动，山脉的真面目被葱郁的植物掩映，犹抱琵琶半遮面，愈发朦胧。

但旷野却不同，直白地袒露着自己的一切。从山峦到平原，好像一个长镜头，记录了人生从巅峰狂浪到平淡如水的过程。

“江入大荒流”，行船来到平原地区，长江也飞奔进入地势更加低矮的旷野。

奔腾的江水一泻千里，呼啸而下，带着阵阵水雾和浓重的尘埃，流入万古蛮荒的原野。从荆门角度望去，激流狂奔入平原，而后激情不在，落寞寂寥。

恰好，天色有几分阴沉，雾霭弥漫，天空苍茫，一切那么近，又那么远，诗人心境随着波澜壮阔的景色而逐渐开朗。

一个“入”字，暗含着“分久归一”的客观规律，展示出长江的宏大气势。李白通过景色描写，表现了内心对成功的自信，可见他心情激越、昂扬，乐观主义情绪力透纸背。

外部环境的壮美，暗示着诗人对未来满满的斗志。

此时，他以移步换景手法，展示了不同视角观察到的长江：“月下飞天镜，云生结海楼。”

小船随着江水顺流而下，离开荆门之后，河道进入平原区，曲折迂回，水流变小，速度减慢。

诗人的心情也平静下来，有功夫细细品鉴一下两岸风光。

是夜，没有风，江面异常平静，长江一改白天的雄壮，仿佛变成了一个小家碧玉。

江水像一面镜子，映衬着天上的月亮，双月争辉，共现江面。不多久，天亮了，云丝缠绵，连成一片，忽又分开，变幻无穷，云蒸霞蔚。在天幕、江水之间，云霞结成了海市蜃楼般的奇景。

进入平原前，小船穿梭于崇山峻岭间，月亮被山峰遮挡，水流湍急，“如镜”的江面消失得无影无踪。在三峡时，树木遮天蔽日，无缘见到上述风起云涌之壮观。

唯有出得蜀地，来到楚地，方有如此的景致。辽阔的大地，天幕高远，对比效果有种炸裂之感。

这句话生动描绘出生活在山峦间的川渝人，初次见到辽阔原野的感受。

而海市蜃楼的出现，不知是诗人情绪激昂时的假想，还是似真亦幻的景观，均充满了李白行文一贯的浪漫主义色彩。

此时此刻，在陌生的景色中，诗人看着滔滔江水，突然油然而生一股思乡之情：“仍怜故乡水，万里送行舟。”

亲人们送别的影像只存在于记忆之中，唯有这江水，自故乡来，一路陪伴自己，恋恋不舍送行至今。

诗人向往远方，但内心的深沉之处，依然眷恋着蜀地。江水代表着乡情，深情厚谊，千里送行。

也许此情此景，令李白洞悉了自己的一生——正如这江水奔腾入海流，迈入滚滚红尘中再无回头路。最后一句，流露出诗人内心的伤离别。

昼夜不停歇、滚滚向前流的长江水，被李白赋予了浓厚的感情色彩，变成了“故乡水”。故乡水，像母亲，送别李白一程又一程，恋恋不舍地托举着小船，顺流而下，离开蜀地，来到更广阔的他乡。

其实不是江水留恋李白，而是李白舍不得故乡，故而赋江水以人格，营造了浓郁、缠绵的送别氛围。

题眼便是这个“怜”字，李白虽已看尽沿途美景，但心底仍深深留恋着故乡。才离开几天，但思念似潮水，已将他淹没。

水，无情却有情，为李白千里送行。

看到水，想起蜀地，念及家乡。

不知何处是归途，不知何时能再见。

畅游江南

晨登瓦官阁，极眺金陵城。
钟山对北户，淮水入南荣。
漫漫雨花落，嘈嘈天乐鸣。
两廊振法鼓，四角吟风筝。
杳出霄汉上，仰攀日月行。
山空霸气灭，地古寒阴生。
寥廓云海晚，苍茫宫观平。
门馀阊阖字，楼识凤凰名。
雷作百山动，神扶万栱倾。
灵光何足贵，长此镇吴京。

——《登瓦官阁》

望断天涯路，不如红泥小火炉；阅尽天下事，不如把酒话桑麻。

其实，一个知己，一壶浊酒，了此一生，未尝不可。

行路万里，蓦然回首时，才发现，说什么功成名就，谈什么丰功伟绩，不如活在当下，享受眼前的乐趣，对某些人来说，最佳。

但，迈入俗世，不知不觉已经改变，沾染了红尘脂粉，充满了俗世欲念，向往着功成名就，期盼着建功立业。过去的，总难割舍；未来的，总想再得。

李白知道，也许唯有不断出发，才能找到更好的自己，才能彰显“太白金星”的本色。

一路上，只有一匹马、一个行囊，但，丰富的精神世界、悸动的年轻之心，时刻提醒着诗人，这才叫快意人生。

举世闻名的庐山，怎能错过？

途经浔阳，诗人终于有机会一睹庐山的伟岸，并写下了小学生都能背诵的《望庐山瀑布》。

日照香炉生紫烟，遥看瀑布挂前川。

飞流直下三千尺，疑是银河落九天。

面对壮美的景色，李白毫不吝惜笔墨。面对美景，惊鸿一瞥间，胸中万千感慨，遂留下千古流芳的赞颂。

随后，诗人继续顺长江东下，抵达天门山附近。面对天门山，李白灵感迸发，文思泉涌。

天门山，位于安徽省和县与当涂县西南的长江两岸，在长江以西的叫西梁山，在长江以东的叫东梁山。两山隔江对峙，形同门户，所以叫“天门”。

李白乘舟在江水围绕的山峰间飘过，写下了名句“孤山一片日边来”。

诗人从蜀地出发，一路走来，涉险滩、看激流，大自然的鬼斧神工深深震撼着他，几经跋涉后，他来到当时江南的核心地区——金陵。

水榭歌台，对酒当歌；烟雨朦胧，所谓几何。

面对此情此景，文人骚客无不诗兴大发，李白也动情了，有感于金陵一带的历史变迁，写下《登瓦官阁》。

晨登瓦官阁，极眺金陵城。
钟山对北户，淮水入南荣。
漫漫雨花落，嘈嘈天乐鸣。
两廊振法鼓，四角吟风筝。
杳出霄汉上，仰攀日月行。
山空霸气灭，地古寒阴生。
寥廓云海晚，苍茫宫观平。
门馀阊阖字，楼识凤凰名。

雷作百山动，神扶万栱倾。

灵光何足贵，长此镇吴京。

一支笔，写尽历史更迭，也写尽诗情画意。

金陵，即南京。历代山水总相似，名胜古迹已被前人反复歌咏，但李白诗中的境界却浑然不同。

作为六朝古都，南京的风水极佳，区位优势独特，受到历代统治者的青睐。也正因如此，南京城屡遭祸患，甚至灭顶之灾，但也不断重整旗鼓，涅槃重生。

南京，也被看作战后休养生息的绝佳之地，诸多朝代君主、将领选择南京作为腹地，在此养精蓄锐，徐徐图之。

可见，南京的历史地位十分重要，甚至没有城市能出其右。现代历史学家朱锲曾说："在中国四大古都长安、洛阳、金陵、燕京中，唯有金陵文学之昌盛、人物之俊彦、山川之灵秀、气象之宏伟，以及与民族患难相共，休戚相关之密切，尤以其为最。"

历朝历代，无数墨客文人为感受南京浓厚的历史文化氛围，选择在这里居住一段时间，留下了许多名篇佳作。

是夜，李白抵达金陵，并居于城内。

天刚蒙蒙亮，诗人就兴冲冲起来了，他舍不得多睡，想第一时间游览金陵，领略城中美景，感受其历史文化风貌，体会朝代更迭的风云变幻。

为将金陵尽收眼底，诗人选择登临金陵的最高点——瓦官寺。

在瓦官寺，远远望去，整个城市尽收眼底。最北边，坐落着巍峨的钟山。钟山沉默了千百年，容纳了无数冤魂道不尽的心酸，陪伴着历朝历代的忠骨英魂。

李白的视野转到了南边，南边是阁檐，浩荡的淮河水从这里奔流而过。天地悲恸，朝代更替，都无法让河水驻足片刻。此时的李白，沉浸在对历史的追忆中，有些感伤。

突然，寺庙中传来僧人们清晨的诵经之声，声音洪亮整齐，划破静谧的长空，令诗人精神为之一振，从神游状态回到现实中。

经乐，曲调简单，雄浑异常，仿若天籁之音。

此时，雨点如天花，缤纷而落；寺庙中的大鼓咚咚作响，震耳欲聋；四角飞檐，舞动着不甘寂寞的铁片，清脆地叮咛着，似在互相耳语野史秘闻。

众音齐鸣，异常和谐；灵魂出窍，即将飞升。

太阳还在天际试探着，不肯一跃而出。云端雾霭，纠缠在阁廊周围，似乎伸手便能触及，攀上云雾直抵日月。

心情舒畅，风朗气清。

此时已进入秋季，钟山的植物开始凋零，这似乎预示着什么，难道金陵的王者之气将尽？李白想到这里，禁不住紧皱眉头，诸多可圈可点的历史人物、可歌可泣的英雄壮举，皆能在此处觅得踪迹。

不知不觉中，诗人在此徘徊了一天，有筋疲力尽之感。在夜幕中，诗人最后一次望向金陵城。天空中，云海漫漫，城市逐渐隐匿在黑暗里，宫殿楼阁融入云海，夜幕中的云海仿佛辽阔无边。

李白揉了揉眼睛，望了望脚下来时路，雾气朦胧，小路若隐若现。猛抬头，门额上的“阊阖”“凤凰”等字，还依稀可辨。原来，虽思绪万千，却依然驻足原地。

突然，惊雷霹雳，天地炸裂，群山惊醒，大地颤抖。亭台楼阁，瞬间支离破碎，乾坤颠倒，诗人仰天大呼：“神仙们下凡来帮一帮金陵城吧！”

历史云谲波诡，朝代风云变幻，不能推测，无法预料。殿宇巍峨，改朝换代，最终尽染尘埃；宫阙辉煌，换君易主，最终衰落残败。

该来的总会来，凡人无力扭转乾坤；尘埃落定后，历史不能改写。

最初，繁花似锦；最终，夕阳惨淡。青春年华终付流水，英雄将相油尽灯枯。

殊途同归。

但，钟山依然那么傲岸，秦淮河的流水也还是那么温柔。

这傲岸藏着无数的隐忍和内敛，这温柔包含着数不清的锋利和决绝。

多少沉思，多少离愁，此时，李白的内心虽波涛汹涌，最终，也不过轻轻一叹。

但，毕竟是“太白金星”，沉浸在哀伤里，不是他的风格。

略一沉吟，他便创作了另一首诗《金陵望汉江》。

汉江回万里，派作九龙盘。
横溃豁中国，崔嵬飞迅湍。
六帝沦亡后，三吴不足观。
我君混区宇，垂拱众流安。
今日任公子，沧浪罢钓竿。

任公子取自《庄子》，此人常年在东海垂钓，并以此闻名于世。他曾用无比巨大的鱼钩和诱饵，成功钓到一条更加庞大的鱼。

李白在这里用典，意在说明六朝的辉煌已是过眼云烟，当下才是前无古人后无来者的盛世，就算是任公子来了，也要放弃钓鱼，去建功立业。

这首诗，表达了诗人心底对仕途的渴望，渴望报效朝廷，却苦于缺乏门路和机会。

金陵一夜，诗人是充满激情的，却也是无比惆怅的。

满腹才华，竟无用武之地。满腔热忱，仍无能抬举之人。

等待，是一种煎熬，也是一种修炼。

有些路，不得不自己走；有些滋味，不得不独自品尝。

此时的惆怅，终归不过是生命旅途中的小插曲。

思乡念旧

吴会一浮云，飘如远行客。
功业莫从就，岁光屡奔迫。
良图俄弃捐，衰疾乃绵剧。
古琴藏虚匣，长剑挂空壁。
楚冠怀钟仪，越吟比庄舄。
国门遥天外，乡路远山隔。
朝忆相如台，夜梦子云宅。
旅情初结缉，秋气方寂历。
风入松下清，露出草间白。
故人不可见，幽梦谁与适。
寄书西飞鸿，赠尔慰离析。

——《淮南卧病书怀寄蜀中赵徵君蕤》

人生就像波涛，有波峰也有波谷。

哪有什么一帆风顺，困顿、煎熬，都是必经之路。

李白遭遇了他人生的第一个波谷。离开金陵后，李白来到扬州。这里繁花似锦、纸醉金迷。

十年一觉扬州梦，果然名不虚传。隋炀帝曾经六下江南，并赋予了扬州“销金窟”的名号。

李白也来了，带着无尽的憧憬，打算在这个花花世界好好玩耍一番。

“不逾一年，散金三十余万。”李白十分豪爽大方，在扬州的高档娱乐场所里如鱼得水。但夜夜笙歌，口袋难免日渐干瘪，更兼“有落魄公子，悉皆济之”，仗义疏财、不计较小得失，李白以仗义侠气闻名扬州。

这里的“金”指的是“开元通宝”，据史料记载，当时一斗米十文钱，可见李白随身所带钱财之巨。

花钱这样大手大脚，只有出账没有进账，不多久，李白开始捉襟见肘，但江山易改本性难移，他还是没有节俭的意识，继续任性。

在扬州，他也待不住，一入夏，马上沿着京杭大运河来到杭州、绍兴等地游玩，后来因为身体不舒服，没有攀登天姥山。

屋漏偏逢连夜雨，钱没了，健康也急剧恶化。

不久，天气转凉，李白悻悻然回到扬州，却生了一场大病，缠绵病榻多日。此时，他周身钱财皆已散尽，可谓贫病交加、异常困顿。

人一旦不舒服，总会想家，想念妈妈的厨艺。李白，也不例外。

人在状态鼎盛时，有酒肉朋友围绕着，不觉得孤单，不会去预想自己可能遭遇的低谷；当没钱没名气之时，反而是考验友情的时刻。

毫无疑问，李白很失望。在他身体抱恙之时，身边没有一个朋友安慰照顾。

凄清的夜晚，他孤零零地躺在旅店的房间里，透过没有合紧的窗户，望着一轮圆月，想到故乡的月亮也总是这么圆，于是一首《静夜思》脱口吟出："床前明月光，疑是地上霜。举头望明月，低头思故乡。"

清水出芙蓉，天然去雕饰。

最真挚的感情，却最质朴。

思乡之情用简单的诗句表达，却流传千古。很多漂泊他乡的游子，都能背诵这首短短的诗歌。

人与人之间，的确有真情，落魄与潦倒是鉴别真情的手段。此时的李白，也不过二十来岁，虽然在外浪荡多年，但依然年轻，内心不够坚强，病中希望有个依靠。

他没有想起父亲，却想起了早年亦师亦友的赵蕤，于是在病床上作诗《淮南卧病书怀寄蜀中赵徵君蕤》，并寄给对方，倾诉着自己的遭遇和思乡恋旧之情。

吴会一浮云，飘如远行客。
功业莫从就，岁光屡奔迫。
良图俄弃捐，衰疾乃绵剧。
古琴藏虚匣，长剑挂空壁。
楚冠怀钟仪，越吟比庄舄。
国门遥天外，乡路远山隔。
朝忆相如台，夜梦子云宅。
旅情初结缉，秋气方寂历。
风入松下清，露出草间白。
故人不可见，幽梦谁与适。
寄书西飞鸿，赠尔慰离析。

李白躺在小小的客栈里，孤零零的，感觉自己就像一朵浮云，被风雨裹挟着，飘飘荡荡，只能做个远行的游子。诗歌的头两句，奠定了哀伤、凄清的基调，作者病痛、思乡，渴望亲情的安慰和友情的关照。

转念间，李白发觉，自己建功立业的宏愿还没有头绪，难道雄心壮志就此落空？身患重病，所有的理想抱负都成了水中月、镜中花。古琴束之高阁，宝剑也落满尘埃，此时此刻，诗人突然怀念少年青葱的岁月、无知无惧的自己。

壮志难酬、贫病交加，这对李白来说，是巨大的折磨。

唉，不如回到故乡吧！要是当初还在家乡，现在怎么会落到如此境地？字里行间，都是诗人的不甘心。

这时，李白27岁，仍处于涉世未深的状态。他评价自己："怀经济之才，抗巢由之节，文可以变风俗，学可以究天人。"

内心里他始终自信，觉得功名和地位，均属唾手可得之物。但现实中的屡屡碰壁，以及亲眼所见与理想信念的巨大反差，加剧了他内心的痛苦，恶化了身体上的病痛。

年轻人，容易心高气傲，过于理想主义，长此以往，迟早都要吃点苦头。这不，现在李白就碰了个钉子，没经历过大风大浪的诗人，备受打击，悲观的情绪像潮水一样把他淹没了。

家乡，那个气候温润、草长莺飞的地方，正是李白此时魂牵梦萦之地。

家乡有妈妈的味道，有爬满植物的小径，有自己读书时常来"骚扰"的各类小兽。近处有熟悉的大小匡山，远处有高耸巍峨的神秘群山，还有难觅踪迹的神仙。

"风入松下清，露出草间白。"这句里的"清""白"二字，形象地描摹出了秋天的肃杀、寥落，堪称精准炼字炼句的典范。

读者眼前徐徐展开了这样一幅画卷：灰白的天空，旋转飘舞的落叶。字里行间营造出深秋初冬的冷淡气氛。诗人从视觉、听觉、触觉等多个感官角度，展示了他身处的外部环境。

这句景色描写，不是诗人亲眼所见的实写，而是诗人感念自身处境，在想象中借用意境描摹内心的感受，升华了全诗的艺术格调。

“旅情初结缉，秋气方寂历。”这句诗对前述八句进行了小结，自然而然地落脚于“秋”字韵，点明了寄诗抒怀的时间，拈出“秋”字，引出下面两句对秋天景色的描写。

在凄清的气氛中，寂寞、孤独之感油然而生。故乡亲友，就仿佛远处的水，解不了近渴，怀念愈殷切，失望愈深。

但身处孤独的异乡，李白也只能在对故乡的怀念中获得几丝温存。

突然，客栈店小二的说话声传来，中断了李白的美梦，他再次被拉回现实。“故人不可见，幽梦谁与适。”怎么办？思念友人却不能马上相见，只好病中挣扎坐起，提笔写下这封书信，以诗来宣泄胸中的郁结，点出“寄书”目的，在于“慰离析”。

这首诗的开头感叹壮志未酬，而后开始思乡、怀旧，并引用钟仪、庄舄的典故强化思乡之情；后想象老友就在对面，两人对月小酌，絮絮叨叨拉着家常。

这首诗的情感，真挚自然，不浮夸、不跳跃，没有过度渲染，可以看作一封想念好友“碎碎念”的日常书信，承接自然，缠绵悱恻。

这首诗属于李白的早期作品，与后期的豪放浪漫差距较大，在驾驭文字的功夫方面，已经初见大家端倪。

纸醉金迷的烟雨江南，与蜀地的环境迥然不同。李白游览此地，丰富了阅历，陶冶了情操，厚重了思想，延长了生命。后世，有评论家认为，游历江南，促进了李白清新自然诗风的形成。

吴越之旅，干谒未果；功业未成，遥不可期。

忙忙碌碌，兜兜转转，不过回到原地。本来萧瑟处，顾影自怜独一人。

病体沉重，思乡心切。

人生际遇，总像围城。

青春年少时，在家乡过着舒适的生活，有朋友围绕，有亲人关爱，心里却总觉得缺点什么，悸动不已，向往着远方，自以为远方有梦，有酒，有歌。

出发时壮志雄心，几番折腾、几番受挫、几番冷静，病榻缠绵、年老体衰时，躲不过满心的萧瑟。回不去的才是故乡。

想象中，羽扇纶巾、谈笑风生的景象，都被独自漂泊异乡、憔悴的病体、衰弱的精神等现实击碎，乡愁更浓。游子似浮萍，身不由己，只能随波逐流，漂泊在红尘的海洋里。

故乡在哪儿？

故乡永远停留在年少的那个瞬间：身体轻盈、眼眸明亮、鬓角乌黑，面颊上的绒毛在阳光下闪着星星点点的光辉，如此美好，如此温暖。

但，那个画面中，容不下中年的游子，满脸憔悴、满心伤悲。

彼岸，究竟在哪儿？

茫茫人海，滚滚红尘，似并无漂泊浪子的容身之地。漂泊久了，内心千疮百孔，没有了故乡脐带输送的养料，精神的给养和抚慰从哪里来呢？

终归，自己才是生命的摆渡人，摆渡到彼岸的过程中，孤独是必然。

很多人，几经挣扎，绞尽脑汁，也无法抵达梦想中的彼岸，中途就放弃了。

有些幸运儿，成功抵达了彼岸。也许是坚持不懈地泅渡过去的，也许是被浪涛裹挟着席卷过去的，也许是靠着贵人提携顺利到达的……

人生短暂，苦难漫长，凄风冷雨本是人间“标配”。人生至此，不知“太白金星”是否参悟了生命之轮回。

人生的路不会白走，所有的经历，都终将沉淀为生命的年轮。

若能从艰难苦恨中提炼出人生智慧，将挫折和困顿看作一种际遇，休养生息、积蓄能量，怎能没有再次引吭高歌的机会？

千里姻缘

问余何意栖碧山，
笑而不答心自闲。
桃花流水窅然去，
别有天地非人间。

——《山中问答》

谷底的下一步，就是上升；黑暗的下一刻，就是黎明。

有句话说得好："在家靠父母，出门靠朋友。"

正当李白病体未愈、穷困潦倒之时，贵人出现了。他就是孟少府，此孟少府不是大名鼎鼎的诗人孟浩然，而是李白的一个好朋友兼"粉丝"。

"少府"是他的官职，此人没什么名气，甚至他的真名都无从知晓。根据他和李白之间的诗文往来可知，孟少府是扬州人，在安陆县衙任县尉一职。

孟少府到处寻觅李白的踪迹，终在李白养病的客栈内找到了他，出钱为李白请医看病，还跑前跑后地照顾李白衣食住行。

一段时间后，李白大病初愈，恢复了一些精神，孟少府终于亮出此行目的：给李白介绍对象。这样的媒人当真是尽心尽力、用心良苦了。

李白并没考虑过婚姻大事，但鉴于孟少府在他生病之时的雪中送炭，便不好拒绝，于是答应与对方见面试试。

孟少府家算得上当地的大家族，与安州许圉师家为世交。许圉师曾任唐高宗的宰相，虽已去世多年，在安州仍算名门望族。许圉师有一个孙女，是第三代的独生女，心高气傲，二十五六岁仍待字闺中。

放到现在，二十五六岁算是硕士毕业的年纪，正是一个女人最青春靓丽之时。然而在唐朝，女子二十岁没嫁掉已经非常少见，更何况二十五六岁，用现在的话来说，堪称“黄金剩斗士”，非常另类。

李白本也没抱什么希望，见面后却有意外的惊喜。

他和许家小姐是同龄人，许小姐自幼饱读诗书，对李白早有耳闻，内心颇为敬佩。两人一见如故，许家赏识李白，赞同这门婚事。不久，李白就入赘了许家。

在《上安州裴长史书》中，李白提到了此事的经过：“许相公家见招，妻以孙女，便憩于此，至移三霜焉。”李白本是随性之人，既然有人如此看重自己，他就顺水推舟，成了许家的金龟婿。

放浪形骸、心高气傲的李白能同意入赘，无外乎几个原因。

第一，许小姐很得李白的眼缘，定是那种才貌双全、秀外慧中的女子，两人比较“来电”；第二，许圉师虽已故去，但瘦死的骆驼比马大，家族人脉还在，影响力还有，对李白未来仕途多少能帮衬些，许家招婿之时很可能已许下助其一臂之力的承诺；第三，李白是个颇为自我的人，重视内心感受，轻视外界评价。

当然，在那个鼎盛时代，女人都能当皇帝，男人入赘又如何呢?

孟少府这个媒人做得好，应该给他一百分。

婚后，李白偕夫人搬到许家的乡间别墅白兆山桃花岩居住，二人琴瑟和鸣，开始了一段平稳、安定的生活。

在《秋于敬亭送从侄专游庐山序》中，李白写道：“酒隐安陆，蹉跎十年。”时间是用来“蹉跎”的，这样的日子，才是真正的“现世安稳，岁月静好”。

当然，“蹉跎”岁月必定离不开饮酒，因为饮酒，还出现过冷落妻子的情况。于是，李白写了一首诗《赠内》。

三百六十日，日日醉如泥。

虽为李白妇，何异太常妻。

这首诗表达了李白对妻子的愧疚：老婆，实在抱歉，虽然我们十分恩爱，但一年到头我总是喝得烂醉，没有经常陪伴你，这样和整天不顾家的周太常也差不多了。

其实，李白饮酒不只是耽于玩乐，一方面他苦于壮志未酬，另一方面他苦于还遭受着流言蜚语的攻击。

在那个年代，入赘，对于诗文名气日益壮大的李白来说，是一种无形的压力。

人怕出名猪怕壮，总有些心胸狭窄、善妒之人，在背后鄙夷李白。面对这种非议，李白原本懒得解释，泰然处之。我自己过得好，碍你什么事？

但总有些“吃瓜群众”跟着起哄，于是，李白写了一首《山中问答》，表明自己的态度。

问余何意栖碧山，

笑而不答心自闲。

桃花流水窅然去，

别有天地非人间。

这首诗又作《山中答俗人》，为七言绝句，读起来很像一段专门回答对方提问的话。

回答的是谁的问题呢？自然是那些所谓的“俗人”，即“吃瓜群众”了。

用这样提问的形式，突出诗作的目的，易引起读者兴趣。当大家准备仔细读诗寻觅答案时，李白笔锋却故意一晃“笑而不答”，摆出一副“偏不告诉你，你猜去吧”的态度。

“问余何意栖碧山，笑而不答心自闲。”一个“笑”字，值得玩味。李白面对世人的质疑和嘲讽，面对无处不在的窃窃私语，依然表现出淡淡的喜悦、高贵的矜持，谈笑间泯恩仇。

投之以恶意，回之以微笑，一切都那么云淡风轻。

“笑而不答”即“就不告诉你”的态度，也让李白入赘许家的前因后果、夫妻二人的婚姻生活有了些许神秘色彩。

李白戏谑地想：我们过得怎么样，凭什么告诉你？你们想看我的笑话，我偏就晒幸福，不让你们得逞。为诗歌平添了几丝悬念。

面对“何意栖碧山”的疑问，李白用“心自闲”三个字做了回应。诗人在山中的舒适生活，本是随性而为的选择，轮不到闲人们妄作非议。

本来就是夫妻间很平常的生活，没什么惊奇之处。正如张孝祥《念奴娇·过洞庭》中的诗句，“悠然心会，妙处难与君说”一般。

这首诗妙就妙在，李白做足架式准备“答记者问”，吸引了众人的注意，却偏偏笑而不说，任凭你猜，对各种猜测均不置可否。

“桃花流水窅然去，别有天地非人间。”这句表面描述的是“碧山”的景色，回答了“何意栖碧山”这个问题——自然是这里景色宜人，我和我老婆才会在这里常住呀！

诗人为何要先卖个关子呢？

这种悬念的设计体现了李白的才华，断开回答式的结构，制造了曲折，增添了韵味。

桃花凋零，飘落在小溪里，随水逝去，但并没有林黛玉葬花那种“流水落花春去也”的悲哀，却充满了平淡冲和之美。

诗人的意思就是：我来这的原因很明显，就是因为这里美，有多美呢，落英缤纷，天上下起鲜花雨，清澈的流水带着桃花瓣走向了远方。远方在哪里？定是非“人间”可比的仙境。

在那里，没有追名逐利，没有利欲熏心，没有流言蜚语，单纯、宁静、美好。

至于“人间”如何，李白没正面回答。但“粉丝”们都懂，诗人栖息在“碧山”，屡屡醉酒，与当时混乱的社会背景，以及求取功名受挫的哀伤心态有密切关联。

整首诗营造了一种超脱、闲淡的意境，却暗含着作者避而不谈的伤痛、隐居山林的无奈。正因“碧山”的“美”，作者才能偶然得“闲”，“人间”乱世怎能媲美?

仔细品味此诗，会感受到一丝丝老庄思想的那种“超脱”，面对社会舆论的压力，作者“寓庄于谐”，调侃人生。

也许是愤世嫉俗在作祟，也许是求功名而不得、退而求其次隐居山林的无奈，也许是乐天派思想和骨子里浪漫主义的自然流露……

凭借智慧，李白用最优雅的态度，回击了世人对自己入赘一事的嘲讽。

全诗只有四句，却有问有答，有细节描绘，有畅叙幽情，有戏谑议论，虚虚实实、真真假假，起承转合、气韵舒畅、意境深远。诗歌并没有严格遵从格律的平仄，却信手拈来、真诚质朴。

入赘后的压力、孤高自负的性格、放浪形骸的举动，令李白的内心愈加压抑。

一次醉酒，李白误将当地官员李长史认作故人，冲撞了他的马车，急忙回家写了《上安州李长史书》一文解释原委。

李长史宽宏大量，没有怪罪李白，但接替李长史的裴长史却不了解李白，误信了谣言，对李白颇有微词。这下李白坐不住了，若当地一把手瞧不上他，这肯定会影响仕途。

于是，李白又写了《上安州裴长史书》，长篇累牍地讲述了个人经历、抱负和理想。

白闻天不言而四时行，地不语而百物生。白人焉，非天地也，安得不言而知乎？敢剖心析肝，论举身之事，便当谈笔，以明其心。而粗陈其大纲，一快愤懑，惟君侯察焉。

……

愿君侯惠以大遇，洞天心颜，终乎前恩，再辱英眄。白必能使精诚动天，长虹贯日，直度易水，不以为寒。若赫然作威，加以大怒，不许门下，遂之长途，白既膝行于前，再拜而去，西入秦海，一观国风，永辞君侯，黄鹄举矣。何王公大人之门，不可以弹长剑乎？

这种姿态，对于心高气傲的李白来说，已算是“低头认错”。

但骨子里的狂妄，不会完全改变。文章最后几句，李白的傲气尽显：信中，我解释了这么多，希望裴大人能赏识并提拔我。若您依然不信我，此处不留爷自有留爷处。

如果说扬州时的重病，算是诗人命运中的第一次重大挫折，那么婚后在安陆生活的诸多不适应和不顺利，则称得上是旅人鞋中的一粒沙，令人无力、无奈、沮丧。

此时，李白遭遇了生活中的一地鸡毛。

人活着，必然有欲望。有了欲望和期待，就有了失望和苦闷。李白，也不能幸免。

生活就是一团麻，剪不断，理还乱。

寂寞南山

长相思，在长安。
络纬秋啼金井阑，
微霜凄凄簟色寒。
孤灯不明思欲绝，
卷帷望月空长叹。
美人如花隔云端。
上有青冥之高天，
下有渌水之波澜。
天长路远魂飞苦，
梦魂不到关山难。
长相思，摧心肝。

——《长相思·其一》

秉性旷达，却也难抵世间纷扰。

李白最爱简单的生活。对酒当歌，人生几何；知己常聚，相看两不厌。

但，李白偏偏陷入了是非之地。

他想要的，不过是平静的婚姻生活，安宁地休养生息。但，不断的流言蜚语让他格外心累、不堪其扰。许夫人秀外慧中，察觉了夫君的烦闷，事也关己不便妄作评论。于是贤妻许夫人建议李白去长安走走。

李白对长安充满了期待，那里有繁花似锦，有歌舞升平，有文人骚客。

李白认定，长安一定蕴藏着生命的转机，能扬眉吐气。想到这里，李白不再抑郁消沉，再次充满自信、豪情万丈。

初抵长安，通过岳父的同僚好友介绍，李白顺利见到了时任宰相张悦及其次子——当朝驸马爷张垍。当时，张悦病重，无暇见客，由张垍接待李白。没想到的是，张垍跟父亲正相反，是个心胸狭窄、嫉贤妒能之人。

张垍看不惯李白，又找不到理由直接拒绝他，于是借口为李白周旋引荐，便直接将他安置在终南山北麓的玉真公主别馆。

终南山，又名太乙山、中南山、周南山，简称南山，是道教、佛教的发祥圣地，也是“寿比南山”“终南捷径”等典故的诞生地。

终南山位于陕西省境内秦岭山脉中段，是中国重要的地理标志。东起蓝田县，西至秦岭主峰太白山，横跨蓝田县、长安区、鄠邑区、周至县等县区。

整个山脉绵延两百余千米，雄峙在长安之南，成为长安城高大坚实的依托、雄伟壮丽的屏障。素有“仙都”“洞天之冠”和“天下第一福地”的美称。

对于当下的李白来说，此处并非佳地，不但偏僻无人，还赶上了连日的阴冷秋雨，美景全无。他苦等多日，无人问津，日常生活也成了问题。

李白感觉上当受骗了，想独自下山另寻他法干谒朝廷重臣，却又担心错失此次良机，望着屋顶成片的蛛网，李白苦不堪言，连对月独酌都没了心情。

此时，李白已过而立之年，在安陆，有盼归的贤妻幼子。李白禁不住感叹：妻子大概还以为自己在长安大展宏图呢，没想到却落魄至此。

身负惊世之才，却如此困顿，也许，李白还没走出命运的低谷吧！

等候多日无果，天气晴好之后，李白终于独自下得山来。遥望长安的方向，颓然落笔，写下了古乐府诗《长相思》。

长相思，在长安。

络纬秋啼金井阑，

微霜凄凄簟色寒。

孤灯不明思欲绝，

卷帷望月空长叹。

美人如花隔云端。

上有青冥之高天，

下有渌水之波澜。

天长路远魂飞苦，

梦魂不到关山难。

长相思，摧心肝。

开篇“长相思，在长安”至“美人如花隔云端”，为全诗第一部分，诉说了一种苦苦的相思之情，相思的对象是一位“美人”。

秋日，白天变短了。午后刚过去不久，夜晚就已来临。

纺织娘在井栏里鸣叫，一声接着一声，哀怨、孤独、悲伤。为何秋夜显得如此漫长、寂寥？因为作者心有所属、寂寞难耐。

下霜了，诗人懒得将竹席卷起，虽然床上冰冷冷的，但也不如内心的哀伤来得痛苦。

前几句诗，将一个“相思者”的形象展现在读者面前。

寥寥两三句，一个“孤独症患者”的形象便跃然纸上，满纸的幽闭与哀伤。“金井阑”说明他居所华贵，这反衬出生活的无聊、苦闷、寂寞，更盼望“美人”的陪伴。

“孤灯不明思欲绝，卷帷望月空长叹”，火苗如豆，孤独地跳着舞。在微弱火光的映照下，诗人茕茕孑立的影子在地上被越拉越长。

“孤”，是李白的内心写照，思念像潮水，无声无息地将相思之人吞噬。“思欲绝”，足见其情之苦。

月亮升起来了，月光像银子，从卷帘处倾泻进来。月光那么亮，看不见吴刚，也没有玉兔，月亮仙子是不是也像自己一样孤独呢？情不自禁地，诗人一声长叹，仿佛觅得了知音。

“美人如花隔云端”，诗人所思念的“美人”，拥有花朵般的美颜，却只存在于他的脑海里，可见却不可触及，唯剩“长相思”。

睡眼蒙眬中，“美人”似乎近在咫尺，冲着诗人微笑；却又那么远，似缥缈在云里，与月亮相伴。

从“上有青冥之高天，下有渌水之波澜”至“长相思，摧心肝”，是第二部分。

诗人继续在梦中寻觅着美人，却遭遇了极大的阻力。远远望去，美人与自己之间，上有万里天幕相隔，下有万丈渊薮横亘其间。

如何抵达心上人身旁呢？不如化作一缕青烟，变成一丝魂魄，飞升，再飞升，也许才能穿越重重阻隔遇见她。

但似乎魂飞魄散，也无法穿越山崖，迈不过这深涧，依然“两处茫茫皆不见”。诗人日夜思念着心上人，饱受肝肠寸断的之苦。

其实，“青冥”就是“高天”，“波澜”等同于“渌水”。诗人写“上有青冥之高天，下有渌水之波澜”，似乎有点重复。

但如果简化成“上有高天，下有波澜”，就失去了咏叹调般回环往复的激情，肝肠寸断的哀伤也清淡了。“之”连接起重复性的诗句，音律感强，拉长声调，诗句更加动听。

正如《诗·大序》所云：“嗟叹之不足，故咏歌之。”“咏歌”就是拉长声调歌唱的意思，如此作诗，能将彰显情绪，令诗歌情思丰富、文采飞扬。

这种“之”字结构，在后面所赏析的诗文里，也会不断出现，如“蜀道之难，难于上青天”“君不见黄河之水天上来”等。

“之”字结构，从诗歌内容方面没有造成明显区别，但从音乐的律动角度来说，却意义重大。此处的“天长路远魂飞苦，梦魂不到关山难”，通过“拉长音”，表达了绵延不绝的思念，凄婉动人。

最终，诗人明白，这是没有结果的爱恋。

于是，他只留了一句幽幽长叹“长相思，摧心肝”。结尾照应着开头，回环往复、荡气回肠。结尾句较上文更短，更有力，虽悲恸，却无颓废之意。

诗文始于“长相思”，随即开始抒情、幻想、浪漫的寻觅之旅，又止于“长相思”，这是诗歌形式上的美感。

“美人如花隔云端”一句独立，将全诗分为字数相近的两块，符合闻一多所说的诗歌“建筑美”。全诗由两个三言句发端，四个七言句铺开，再由四个七言句描述，两个三言句收尾。结构中的韵律强化了抒情。

表面看，诗里描述了对“美人”的追寻，并抒发了深入肺腑的“思念”。但“美人如花隔云端”另有所指。

我国古典诗词中的“美人”意象，历史悠久，从《楚辞》“恐美人之迟暮”起，“美人”通常暗喻作者心中的榜样、理想、政治抱负等。李白诗句中的“长安”，即为诗人的政治宏愿所在地。

追不上的“美人”，实际上就是诗人实现不了的政治理想，“摧心肝”也并非失恋，而是李白对于无法建功立业的苦闷。

在长安，李白不仅没有实现夙愿，还因无人庇护，遭遇了纨绔子弟的骚扰纠缠，后侥幸逃脱，有人称李白这段遭遇为“北门之厄”。

在终南山蹉跎多日，却竹篮打水一场空。

宫廷近在咫尺，不得其门，仿佛美人在云端。建功立业的机会，总觉得触手可及，却又难寻踪影。

寻寻觅觅，凄凄惨惨戚戚。想不到，“太白金星”也会如此潦倒。

此刻的他，一身萧索，遍体鳞伤。

归去来兮

大道如青天，我独不得出。
羞逐长安社中儿，赤鸡白雉赌梨栗。
弹剑作歌奏苦声，曳裾王门不称情。
淮阴市井笑韩信，汉朝公卿忌贾生。
君不见昔时燕家重郭隗，拥篲折节无嫌猜。
剧辛乐毅感恩分，输肝剖胆效英才。
昭王白骨萦蔓草，谁人更扫黄金台？
行路难，归去来！

——《行路难·其二》

深秋又至。西风下的月色，也有几分凄惶。

繁花似锦的尽头，不是凋零，而是荒芜。

夜幕下，唯剩捣衣声，声声入耳，难以断绝。这捣衣声，不断提示着李白，虽身在长安，却距离政治中心那么遥远，政治宏愿的实现，似乎遥遥不可期。

李白在《子夜吴歌·秋歌》中，描述了这种捣衣声：“长安一片月，万户捣衣声。秋风吹不尽，总是玉关情。何日平胡虏，良人罢远征。”

捣衣，暗含着家人思念远方游子之意。在漂泊在外的游子听来，捣衣声不断震荡着耳膜，思乡之情化作蚀骨的节律，催人心肝。

盛世大唐，依然有边关战乱，依然有民不聊生。

醉心功名的诗人，自始至终忘不了济苍生的抱负，他矛盾、他纠结，一时兴致高昂，一时失落迷茫。

李白希望，太平盛世永远绵延下去，不再有流离失所，不再有悲欢离合。

长安的喧嚣繁华，与己无关。诗人产生了放弃的想法，索性一走了之如何？

于是，李白写了这样一首诗。

大道如青天，我独不得出。
羞逐长安社中儿，赤鸡白雉赌梨栗。
弹剑作歌奏苦声，曳裾王门不称情。
淮阴市井笑韩信，汉朝公卿忌贾生。
君不见昔时燕家重郭隗，拥篲折节无嫌猜。

剧辛乐毅感恩分，输肝剖胆效英才。

昭王白骨萦蔓草，谁人更扫黄金台？

行路难，归去来！

“大道如青天，我独不得出”，甫一开头，诗人就采用了情感喷发般的句子，表达了内心的迷茫。想到自己屡受挫折的仕途，他深深感叹道：大道那么宽广，像朗朗晴天一般，自己却无路可走。郁结之情已在李白胸中积蓄太久，汹涌澎湃。

后代诗人孟郊也创作过类似内容的诗句，“出门如有碍，谁谓天地宽”。但从气魄和格局上分析，与李白之诗有着天壤之别。“太白金星”的胸襟，非一般人能够比拟。

可堪媲美的，也许只有李白自己的“蜀道之难，难于上青天”这类诗句。不论如何，这个开头，便吸引了读者的注意力，让大家忍不住要读下去。

“羞逐”后面的几句诗，两句为一小组。

“羞逐长安社中儿，赤鸡白雉赌梨栗”，表达了诗人对社会不良风气的不屑态度。

唐玄宗时期，上流社会缺乏高雅趣味，斗鸡、赌博等活动盛行。据记载，唐玄宗还曾在宫内造了一所斗鸡坊，斗鸡的小官儿被宠上了天。当时有句俗语能生动再现此类盛况，“生儿不用识文字，斗鸡走狗胜读书”。

有人给李白出主意，若想接近皇帝，不如积极参与这类斗鸡赌博的活动，以他的才华，略施小计，定能创造机会结交名流子弟，为走仕途行方便之门。

李白严词拒绝，并嗤之以鼻，他拉不下脸做这样的事。李白曾在《答王十二寒夜独酌有怀》一诗中说："君不能狸膏金距学斗鸡，坐令鼻息吹虹霓。"也表达了不屑与那班人同流合污的心情。

"弹剑作歌奏苦声，曳裾王门不称情"中的"曳裾王门"，是指进出权贵家门时，要拉起衣服的前襟方便出入。

"弹剑作歌"，提到了冯谖的故事。当年，冯谖作客孟尝君门下，并未受到礼遇。冯谖时不时引吭高歌，表示自己要离开孟尝君门下。

李白借这个典故表明了心声：虽渴望与权贵交往，但方式却是"平交王侯"，平等、互相尊重。但权贵们眼高于顶，根本不关心李白是谁。李白借用冯谖的遭遇，表达自己的失落和失意。

"淮阴市井笑韩信，汉朝公卿忌贾生"，韩信成名之前，在淮阴也遭遇过市井无赖的欺辱；汉代贾谊年轻时满身才华，汉文帝一心启用，但因嫉贤妒能的大臣灌婴、冯敬等王公贵胄不断对其造谣打压，贾谊惨遭贬斥。

李白借用二人典故，暗示了自己有类似的遭遇，表达内心的落寞和不平，但他强调，即便如此也不愿意堕落为遛狗斗鸡之流。

从“君不见昔时燕家重郭隗”至“昭王白骨萦蔓草，谁人更扫黄金台”，介绍了从前燕国君臣之间的融洽，直抒胸臆地表现出李白对建功立业、名垂青史的渴望，描述出诗人理想中的君臣关系。

战国时，燕昭王求贤若渴，屈尊听从朝臣意见，礼贤下士。当邹衍抵达燕国时，昭王亲自拿起扫帚打扫迎接贵宾，还担心尘土飞扬玷污了人才，赶紧用衣袖挡住尘土，对前来拜访的人表示了极大的尊敬。

李白遥想，若是有位明君如此对待自己，死而无憾。

从这里能看出，李白始终期待着一种理想化的君臣关系，渴望君王对自己推心置腹，为自己提供大展才华的舞台。

李白一生撰写诗文无数，常能看到李白以伊尹、姜尚、张良、诸葛亮等历史人物自比，鲜明地印证了这种渴求。

现实总是残酷的，命运总是弄人的。不管是寻常百姓，还是太白金星下凡，在命运面前，人人平等。

当时的皇帝唐玄宗，沉迷于玩乐和美色，昏庸腐化，朝政尚不能正常主持，更谈不上广觅人才、纵揽贤士。其实，对这种现实，李白都明白，只是心里暂时无法接受，也不愿承认罢了。

“昭王白骨萦蔓草，谁人更扫黄金台？”燕昭王已经故去多年，再也不会有人打扫黄金台迎接贤士了。想到这里，诗人失望至极，满腔哀怨无处发泄。

李白怀着满腔热忱，远离在家翘首期盼的妻儿，来到长安，来到这个自以为梦想会盛开之地。

看清了现实，向来属于乐天派的李白也黯然神伤，他受不了这种冷淡的煎熬，也受不了持续的羞辱。

“大道如青天，我独不得出”，这是诗人直抒胸臆的一声悲叹，天大地大，为什么只有我如此郁闷、难过呢？

最后，李白似乎想通了，“行路难，归去来”，还是离开吧！

写《归去来兮辞》的陶渊明，正因厌倦了尔虞我诈、钩心斗角的官场氛围，才退隐山林，过上了“采菊东篱下，悠然见南山”的生活。

李白同样热爱大自然，与名山大川有着不解之缘。山水中，有他纵情饮酒的身影，有他寻觅灵感的圣地，也有他伤心避世的角落。

然而，在李白看来，大自然给予他力量，是为了督促他、鼓励他，让他更好地前行，他的终极目的依然是居庙堂之高，而非处江湖之远。

李白可不是凡夫俗子，沉沦堕落并非他本色。此处不留爷自有留爷处，李白打算拂袖而去，用一走了之表达愤怒和抗议。

但，诗人内心从不忘东山再起，屡次遭遇挫折，也无法真正改变李白那与生俱来的乐观精神。这只是一时气愤，不是消极逃避——“直挂云帆济沧海”仍是他毕生的渴望！

兜兜转转，本以为这次能赢。寻寻觅觅，想不到仍是一场空。

谁人能例外，谁人能躲开？人间逆旅，都是过客。

洒脱的背后，是隐含的心酸。有对宦海浮沉的惆怅，有对一路飘零的感慨，有对终无着落的幽怨。

人生蹉跎复几许，花开花落又一春。

现在，李白又回到了原点。

第三章 辗转蹉跎

人生如逆旅，谁人能幸免？勇攀高峰，也许只换来一片荒芜；顺流直下，说不定能遇到繁花似锦。执着的人，因为心中有希望，有了希望，才有了动力。但，人生之所以痛苦，就在于错误的追求。前行的路上，难免有低谷，总会有坎坷，也许，选择今朝有酒今朝醉才能获得片刻解脱。

逆旅畅游

我浮黄河去京阙，挂席欲进波连山。

天长水阔厌远涉，访古始及平台间。

平台为客忧思多，对酒遂作梁园歌。

却忆蓬池阮公咏，因吟渌水扬洪波。

洪波浩荡迷旧国，路远西归安可得？

人生达命岂暇愁，且饮美酒登高楼。

平头奴子摇大扇，五月不热疑清秋。

玉盘杨梅为君设，吴盐如花皎白雪。

持盐把酒但饮之，莫学夷齐事高洁。

昔人豪贵信陵君，今人耕种信陵坟。

荒城虚照碧山月，古木尽入苍梧云。

梁王宫阙今安在？枚马先归不相待。

舞影歌声散绿池，空馀汴水东流海。

沉吟此事泪满衣，黄金买醉未能归。

连呼五白行六博，分曹赌酒酣驰晖。

歌且谣，意方远。

东山高卧时起来，欲济苍生未应晚。

——《梁园吟》

长安你好，长安再见。

李白，带着对长安的美好希冀，背负着失望的伤痛，与长安作别。

喧嚣也好，繁华也罢。红尘滚滚，逆旅人生，人人都是过客。

辗转流离间，流水落花春去也。

李白再次沿着黄河，探寻名胜古迹，醉眼蒙眬中，一切仇怨随风飘远。

这天，他来到了梁园，既感动于梁园的历史沧桑变化，也感慨于自己的波折遭遇，他写下了这首《梁园吟》。

我浮黄河去京阙，挂席欲进波连山。

天长水阔厌远涉，访古始及平台间。

平台为客忧思多，对酒遂作梁园歌。

却忆蓬池阮公咏，因吟渌水扬洪波。

洪波浩荡迷旧国，路远西归安可得？

人生达命岂暇愁，且饮美酒登高楼。
平头奴子摇大扇，五月不热疑清秋。
玉盘杨梅为君设，吴盐如花皎白雪。
持盐把酒但饮之，莫学夷齐事高洁。
昔人豪贵信陵君，今人耕种信陵坟。
荒城虚照碧山月，古木尽入苍梧云。
梁王宫阙今安在？枚马先归不相待。
舞影歌声散绿池，空馀汴水东流海。
沉吟此事泪满衣，黄金买醉未能归。
连呼五白行六博，分曹赌酒酣驰晖。
歌且谣，意方远。
东山高卧时起来，欲济苍生未应晚。

梁园始建成时，曾名震天下，人皆向往之。

冬天，梁园景色绝佳。白雪皑皑，万树银装素裹，翠绿掩映。风雪初停，太阳出来时，梁园景色尤其令人着迷，有“梁园雪霁”之称。

春秋时期，晋国乐师师旷，曾在梁园鼓吹奏乐，故有“吹台”古迹之名。后，梁孝王把梁园扩充重建了。《史记》中形容梁园：“宫观相连，奇果佳树，瑰禽异兽，靡不毕至。”

据《西京杂记》记载：“梁孝王好营宫室苑囿之乐，作曜华之宫，筑兔园。园中有百灵山，山有肤寸石、落猿岩、栖龙岫，又有雁池，池间有鹤洲、凫渚。其诸宫观相连，延亘数十里。奇果异树，瑰禽怪兽毕备。”

梁孝王喜玩乐，爱同臣子、文人骚客在舞文弄墨，故修复“吹台”，且以“吹台”为轴心大兴土木，“筑东苑，方三百里，广睢阳城七十里，大治宫室，为复道，自宫连属平台三十里”。修成后“宫观相连，奇果佳树，珍禽异兽，靡不毕至”，此即为梁园。

“我浮黄河去京阙，挂席欲进波连山。”头句诗描述李白离开京城，在黄河上乘船顺流而下，船帆被大风吹满，河面波涛汹涌，仿佛绵延不绝的群山。

高达几丈的水浪腾空而起，辗转腾挪间又急速跌下，溅起无数浪花。浪花沾湿了李白的衣襟和脸颊，让他分不清这到底是河水还是泪水。

在李白浪漫主义的思想里，这漫长的航程，坎坷的水路，辽阔无际的山峦，仿佛自己艰辛的前半生，几经起伏依然无法抵达彼岸。

诗人采用情景交融的手法，巧妙地表达出此时的心境，充满了苦楚之意。万顷波涛衬托出诗人起伏不定的内心和风雨飘摇的状态。

寻觅梁园的路并不顺利，一路上风霜露宿、风雨兼程，天气压抑，反衬出诗人在长安不得志的悲苦。

长安曾是李白自以为梦会开始的地方，最终却失意离开，这不只是政治理想的受挫，也是整个人生的低谷。空有一身报国宏愿，却“拔剑四顾心茫然”。

这种低落迷惘的情绪，诗人并未平铺直叙，而是融情于景，通过描摹旅途所见所闻，间接地呈现出来。

“挂席欲进波连山”，如绵延山峰一般的滔天巨浪，遮天蔽日，令人压抑却无处逃避、无法摆脱。让人不能进、不能退，正仿佛李白此时的心境。

“天长水阔厌远涉”，天那么高远，水面那么辽阔，但人生前行的途径却无处可寻，究竟成功之路在何方，为什么希望和前景如此渺茫呢？

诗人看到这样的情景，再联想到自己在长安的遭遇，悲从中起，字里行间，让人分不清哪里是情，哪里是景，强烈的情绪透过景物描写扑面而来，厌倦、颓废、深沉。从诗歌开头的气势，足见全诗感情充沛，基调深沉。

一路颠簸，这日，李白终于抵达了宋州的平台，即古梁园的遗迹。

李白渴望在寻访古迹的过程中，排遣内心的苦闷，却徒增忧思，内心愤懑至极，忍不住趁着酒劲儿高唱《梁园歌》。

本想借景抒怀，没承想心中却浮现竹林七贤之一阮籍在

《咏怀诗》中的哀叹："徘徊蓬池上，还顾望大梁。渌水扬洪波，旷野莽茫茫……羁旅无俦匹，俯仰怀哀伤。"

前人已有类似的愁绪，穿越时空，李白遇到了知音，在古迹上隔空对望，恨不早相遇！诗人的心情更加动荡起伏，从阮诗的蓬池洪波，想到了奔腾不息的黄河，进而又联想到负气出走长安的遭遇，不禁一声感叹："路远西归安可得？"

他终于承认，理想磨灭了，他替自己惋惜，替自己悲伤，这种哀婉悲恸便是整首诗的基调。

开头不过短短六句，情绪饱满、回环往复、愁肠百结，将读者一下子引入诗人的心境当中。

突然，诗风一转，在苦闷的情绪已登峰造极之时，诗人寻觅了一个出口，感情狂飙而出，升腾而起。

这里采用了大开大阖的手法，将诗歌引入另一层境界。

"人生达命岂暇愁，且饮美酒登高楼。平头奴子摇大扇，五月不热疑清秋。玉盘杨梅为君设，吴盐如花皎白雪。持盐把酒但饮之，莫学夷齐事高洁。"

人各有命，富贵在天，名利仿若过眼云烟，恍然间，"太白金星"再次闪耀，用藐视人间的视角，评论当下的不公平、不合理。

人生得意须尽欢，没事就应登高楼、饮美酒，潇洒恣肆、放空一切。

有仆人摇着芭蕉扇，除去难耐的暑热，令炎热的夏季如同清秋一样凉爽；侍女呈上食物，碧玉的碟子上装满了鲜果杨梅和如雪的吴盐，品尝后令人心旷神怡。此时此刻，当真要纵情享受。

想当年，夷齐以薇代粮，不食周粟，矢志高洁，士大夫们纷纷效仿。然而，诗人认为，现实已令人如此痛苦压抑，根本没必要像伯夷、叔齐那样执着于所标榜的“高洁”，把自己折腾得身心俱疲。

“莫学”二字，正是李白政治理想破灭后愤慨心情的写照。建功立业的激情和野心曾艳如朝阳，遭遇挫折后的苦闷和抑郁也若巨石盘踞在心口，情绪体验如过山车般大起大落，暗示了诗人内心的剧烈冲突。

时间是一双巨手，可以揉碎一切功名利禄，既然如此，功成名就又有什么意义呢？

反思过后，李白认为痛苦的根源是对建功立业不切实际的执着追求。

执着有什么用呢？

看看梁园里的故人吧，魏国公子无忌，曾富可敌国，现在却连墓碑都找不到了，世代百姓在他的坟墓上耕作；梁孝王，曾是一代明君，但当年修建的宏伟宫室已坍塌颓废；昔日上宾枚乘、司马相如也早就化作一捧尘土。

曾经的灯红酒绿，如梦如幻，已成泡影；曾经的金缕娥眉，也颜色渐失，粉黛成灰；曾经的楼堂馆所，热闹喧嚣，如今只剩几株老树高耸入云，遮天蔽日，一片荒芜。

“荒城虚照碧山月，古木尽入苍梧云”，这二句通过营造特殊的氛围，将读者吸引进去：清冷的月、晦暗的城、浓云密布、古木参天，没有生气，只有世界尽头的寂寥、荒凉。

“舞影歌声散绿池，空馀汴水东流海”，江河湖水入海流，千古永恒，不曾改变；然而，舞影、歌声，却转瞬即逝。几番点染，对比鲜明，突出了人生的短暂和生命的飘忽脆弱。

算了，还是纵情畅饮吧！今朝有酒今朝醉难道不是一种快乐吗？

想到这里，李白泪洒衣襟，决定散尽千金买醉。饮到酣处，几近癫狂，呼五纵六，分曹赌酒，寥寥数笔，便让诗人那狂饮的形象跃然纸上。“酣驰晖”，形象地描绘出跟时间赛跑，纵情享乐的状态。

“歌且谣，意方远。东山高卧时起来，欲济苍生未应晚”，正如当年谢安东山高卧后被请出一样，李白此刻也想成为隐士。

刘熙载曾云：“太白诗言侠、言仙、言女、言酒，特借用乐府形体耳。读者或认作真身，岂非皮相。”诗歌终结，但感情的升腾却在继续，诗人没有放弃内心的宏愿，他坚信希望就在未来的不远处。

狂放，反衬出痛苦；否定过往，反衬出对未来的期待。

诗歌开头颇为消极，但坚定的信心在结尾燃爆，李白胸中的那一团火永远不会熄灭。一旦天时地利人和，就是“太白金星”大放光彩、普济苍生之时。

无论是客观景物，还是历史古迹；无论是当下情感，还是名人典故，李白都能结合自己的感情信手拈来，并把激越的情绪融入其中。

李白是一名勇士，面对命运的不公和灵魂的重压，他苦闷，他挣扎，他抗争，他愤懑。社会现实对李白无情的摧残和打压，令读者们感同身受。

清朝评论家潘德舆曾云：“长篇波澜贵层叠，尤贵陡变；贵陡变，尤贵自在。”这里强调了手法“变化”在诗歌中的作用。

这首诗是长篇歌行体的典范。

诗人的情感波澜壮阔，又愁云密布；时而低音徘徊、愁思难耐，时而蛟龙升天、腾云驾雾。

但奇就奇在，顺着李白的思路，最后总会由阴转晴，抑郁忧思变为纵酒狂欢，又变为信心爆棚。读李白的诗，仿佛坐过山车，如攀登蜀道，下可入地，上可通天，无所不能。读者若沉浸其中，便能在情绪上产生一轮轮的巅峰体验。

求而不得，实乃人生常态。

命运是一双捉弄人的巨手，执着的，偏偏拿走；无心插柳的，许能蔚然成荫。

唯一能掌握的就是当下，唯一能抓住的就是今朝酒，唯一能控制的就是脚步将要迈出的方向。

纵情吧！享乐吧！毕竟，明天又是新的一天。

阳春何见

长啸梁甫吟，何时见阳春？
君不见，朝歌屠叟辞棘津，八十西来钓渭滨。
宁羞白发照清水，逢时壮气思经纶。
广张三千六百钓，风期暗与文王亲。
大贤虎变愚不测，当年颇似寻常人。
君不见，高阳酒徒起草中，长揖山东隆准公。
入门不拜逞雄辩，两女辍洗来趋风。
东下齐城七十二，指挥楚汉如旋蓬。
狂客落魄尚如此，何况壮士当群雄！
我欲攀龙见明主，雷公砰訇震天鼓。
帝旁投壶多玉女，三时大笑开电光，倏烁晦冥起风雨。
阊阖九门不可通，以额扣关阍者怒。
白日不照吾精诚，杞国无事忧天倾。
猰貐磨牙竞人肉，驺虞不折生草茎。

手接飞猱搏雕虎，侧足焦原未言苦。
智者可卷愚者豪，世人见我轻鸿毛。
力排南山三壮士，齐相杀之费二桃。
吴楚弄兵无剧孟，亚夫咍尔为徒劳。
梁甫吟，声正悲。
张公两龙剑，神物合有时。
风云感会起屠钓，大人嵲屼当安之。

——《梁甫吟》

人生苦短，点滴快意譬如朝露，转瞬即逝。

平平淡淡，失落伤怀，本是人生常态。

也许唯有经历过伤痛，才能衬托出平和喜悦的珍贵。

这会儿，李白想起了诸葛亮的《梁甫吟》。

诸葛亮在初出茅庐后，期待着宏图大展，于是创作了这首诗，后被无数仁人志士称赞，作为抒发雄心壮志、即将建功立业的代表作被反复吟诵。

现在，李白遥想当年，也唱出了自己心中的那首《梁甫吟》。

长啸梁甫吟，何时见阳春？
君不见，朝歌屠叟辞棘津，八十西来钓渭滨。

宁羞白发照清水，逢时壮气思经纶。
广张三千六百钓，风期暗与文王亲。
大贤虎变愚不测，当年颇似寻常人。
君不见，高阳酒徒起草中，长揖山东隆准公。
入门不拜逞雄辩，两女辍洗来趋风。
东下齐城七十二，指挥楚汉如旋蓬。
狂客落魄尚如此，何况壮士当群雄！
我欲攀龙见明主，雷公砰訇震天鼓。
帝旁投壶多玉女，三时大笑开电光，倏烁晦冥起风雨。
阊阖九门不可通，以额扣关阍者怒。
白日不照吾精诚，杞国无事忧天倾。
猰貐磨牙竞人肉，驺虞不折生草茎。
手接飞猱搏雕虎，侧足焦原未言苦。
智者可卷愚者豪，世人见我轻鸿毛。
力排南山三壮士，齐相杀之费二桃。
吴楚弄兵无剧孟，亚夫咍尔为徒劳。
梁甫吟，声正悲。
张公两龙剑，神物合有时。
风云感会起屠钓，大人𡾐屼当安之。

历史的长河突然逆流而上，不断回溯，李白带着我们追忆过往。

在这首诗的开头，诗人连用两组“君不见”来吸引读者注意，并引出了两个历史典故。

周朝时期，姜太公住在棘津。虽已迈入古稀之年，但他依然坚持每天清晨起来劳作、唱歌。后来，为实现满腔的抱负，他辞别故乡和亲人，来到长安附近的渭水边，直钩垂钓十年，只为等待与帝王一见的机会。功夫不负有心人，后来他果然遇到了文王，并实现了政治夙愿。

另一个典故讲述了关于秦末郦食其的故事。起初，刘邦将他视作平常人，看不起他浑身的儒生气。但郦食其并不放在心上，还自称“高阳酒徒”，并最终靠华丽雄辩的口才改变了刘邦对自己的看法和态度。

后来，郦食其甚至凭借三寸不烂之舌，说服乐齐王带领七十二城投降汉朝，不费一兵一卒赢得战争的胜利，成为楚汉时代最辉煌的人物之一。

李白善用典，在这两个人物身上，他寄托了自己的理想信念，“大贤虎变愚不测，当年颇似平常人”“狂客落魄尚如此，何况壮士当群雄”。

历史上如此光辉灿烂的人物，也曾遭遇过“虎落平阳被犬欺”的窘状，是金子总会发光，是人才总能被发掘，天赋异禀者总有出头之日。

无论自己陷入何种困境，李白都不相信自己会永远平庸下去，不甘心自己的旷世才学就此沦落，不想忍受普通人的平凡生活。

没人看好李白，但他自己看好自己。

李白确信，自己将会有远大前程。这种乐观主义思想反映在诗歌里，便是高亢的、明亮的语调，诗句间的节奏明快，语气舒展。

但，从“我欲攀龙见明主”这句始，阳光散尽、阴云密布。

从艺术角度分析，诗人开始改用仄声韵，语气拗口、急促，剧烈的情绪仿佛暴风骤雨般迎面扑来。

这段描写让人想起了屈原的《离骚》，屈原将自己放置于似真亦幻、朦胧懵懂的境界中，通过描写奇特景象，表达自己对现实的愤懑和对所遭受的屈辱的不满。

诗人为求见“明主”，历经千难万险抓住一条飞龙，在飞龙升空时紧附其上直冲云霄。不承想，却正面与凶神恶煞的雷公相遇，雷公敲响震耳欲聋的天鼓，妄图吓退诗人，让他无功而返。

反观那所谓的“明主”，只顾着跟一群美女玩乐，完全不在意诗人的遭遇和声嘶力竭的呐喊。这“明主”高兴时，天上雷电交错；恼怒时，人间风雨交加。

求见“明主”的路途如此艰辛，诗人仍要不顾一切冒死一试。谁知，竟然无意中惹怒了守卫天门的阍者，让愿望的实现难上加难。

这段诗歌，情感激荡轩昂。原本是宽广的江面，浩浩荡荡，突然之间，河道由宽变窄，险滩四伏、危机丛生、旋涡遍布、奔流急湍。

诗人在天国的这些遭遇，虽都是想象出来的，但均为李白在求取功名路上遇到种种挫折的现实映射。借助神话意境，他终于有机会吐尽胸中块垒，发泄不满和抑郁。

“白日不照吾精诚”之后的十二句，又成一部分。

这部分中，诗人再次用典，进一步抨击了唐玄宗统治下的腐败朝政，揭露了社会上种种奇怪的现象，表达了他对社会动荡的焦虑和对人民疾苦的痛心。

但，“明主”不仅无法体恤诗人的赤胆忠心，还怪罪他“杞人忧天”。贪官污吏，仿佛獠牙恶兽般残害着人民。

诗人梦想着用仁政治理天下，在诗歌里，李白拥有足够的自信去扭转乾坤，就仿佛上古时期左手接飞猱、右手搏雕虎的大力士一般，身处险境却甘之如饴，千钧一发之际能力挽狂澜。

全诗的气势在此刻升到了顶峰，仿佛帆船的巨帆被海风鼓荡得异常饱满。

月满则亏，水满则溢。

全诗的情绪再次大落，诗人接着感慨道，现实道路上，荆棘丛生、异常坎坷。

庸碌无为之辈身居高位、趾高气扬、骄横跋扈，有识之士却缩手缩脚、小心翼翼、如履薄冰。想到这里，李白牢骚满腹地怨怼，怨这个世界无人能真正辨识自己的才学和气度，没人能将他推上一个施展才华的位置。

春秋战国时期，齐国曾有三个拥有排山之力的勇士，却被嫉贤妒能的丞相晏子设计害死，李白的遭遇何尝不是如此？接着，他直抒胸臆：像我这样有才能的人都被摒弃，这个国家还有什么前途呢？

诗句字数参差错落，韵脚变换不着痕迹，把汹涌澎湃、异常激越的感情潮流推到读者面前，一波三折、回环往复，笔力奇伟纵横。这样的节奏，带动着全诗的感情跌宕起伏，时而舒展，时而湍急，极尽变化之能事。

最后一段开头为“梁甫吟，声正悲”，呼应题目和篇首两句，深沉、悲壮、无奈，给人无力回天之感。

突然，李白笔锋再转，“张公两龙剑，神物合有时。风云感会起屠钓，大人嵲屼当安之”，信心雄起，回答了开头“何时见阳春”的提问。

李白确信，正仿佛干将、莫邪所铸造的两柄宝剑不会永远埋没于世，自己与“明主”也终究会有相会之时。中间虽然有小人挑拨、恶人当道，但真正有才华的人不会被时代忽略，不会被历史抹去。

想当年，做过屠夫、渔民的吕望也能有出头之日，建功立业，风光一时，那么自己也应该随遇而安，怀着耐心等待，等待风起云涌、风帆鼓起的那一天。

此时，“太白金星”的光辉已经异常暗淡了，但天生的乐观主义和浪漫主义情怀是安抚伤痛、焦虑、抑郁的一剂良药，能在迷惘和痛苦中，慰藉诗人千疮百孔的心，支持着他向梦想的方向继续踽踽独行。

在众多长篇歌行体的诗篇中，李白的诗总是那么出类拔萃。长篇歌行体最忌呆滞平板，本诗恰恰相反，极尽变化之能事，行感情莫测之手段。

此外，李白还是用典的高手。青少年时的苦读，给他打下了坚实的根基。对于历史故事、名人典故，总能信手拈来、灵活取用。

平庸之作习惯于对典故刻板直白地摘录，李白却能将情绪变化、命运起伏融入典故。

姜太公、郦食其的两个故事，是正面烘托，“以古为鉴”突出“天生我材必有用”的乐观态度。将几个不相关的故事错落交织，起到了衬托作用。

清朝评论家沈德潜曾云：“后半拉杂使事，而不见其迹。”诗歌意境奇幻、变幻多端，但感情起伏激越，引人入胜。

读李白的诗，仿佛行在海面，有时蓝天白云、一望无际，有时波涛汹涌、恶浪翻滚，有时千帆碧影、鸟鸣鱼跃，有时缱绻低吟、情意浓浓。

现在，我们对李白坎坷的遭遇和复杂的情感已了然于胸，但谁能去拯救他、助他从水深火热的痛苦深渊一跃而出呢?

也许，对他最大的支持就是沉浸于当下的共鸣。

也许，希望和美好，唯有等待。

天生我材

君不见黄河之水天上来，奔流到海不复回。
君不见高堂明镜悲白发，朝如青丝暮成雪。
人生得意须尽欢，莫使金樽空对月。
天生我材必有用，千金散尽还复来。
烹羊宰牛且为乐，会须一饮三百杯。
岑夫子，丹丘生，将进酒，杯莫停。
与君歌一曲，请君为我倾耳听。
钟鼓馔玉不足贵，但愿长醉不复醒。
古来圣贤皆寂寞，惟有饮者留其名。
陈王昔时宴平乐，斗酒十千恣欢谑。
主人何为言少钱，径须沽取对君酌。
五花马、千金裘，呼儿将出换美酒，与尔同销万古愁。

——《将进酒》

若人生注定孤苦、波折，暗淡的流年如何挨过？

躲在角落的阴影中，憔悴、枯槁，化成灰烬随风而逝，还是纵情一跃、跳脱常规，享受生命燃尽那一刻的光辉？

耽于痛苦和焦虑，挣扎、扭曲、癫狂，还是戴上面具融入庸众，寻找剧烈却短暂的热闹？

人生苦短，更苦的是只能选择一次，没有回头路，更没有后悔药。

人生的尽头，总有人问自己：若当年选择另一条路会如何？人生不是考卷，没有标准答案。

覆水难收的命运，仿佛一道无题的谜语，无论怎样度过，也许都有残缺。

若把残缺当成美，或能豁然开朗；若把残缺总挂怀，必定痛苦煎熬。

有人踟蹰不前，犹豫反复；有人异常决绝，一往无前；有人享受当下，有人顾念未来。无论如何千挑万选、仔细斟酌，总要舍弃其他选项。

选择后，生命的苦与乐，只能自己承担；人生的千条路，只能自己走完。也许孤独时，会后悔、会在原地流连徘徊。但时间照样流逝，河水涓涓不息。

归途已定，众生皆同。

但，面对命运的不确定，每个人能控制的是自己的选择，自己的心态。于是，李白写下了《将进酒》。

君不见黄河之水天上来，奔流到海不复回。
君不见高堂明镜悲白发，朝如青丝暮成雪。
人生得意须尽欢，莫使金樽空对月。
天生我材必有用，千金散尽还复来。
烹羊宰牛且为乐，会须一饮三百杯。
岑夫子，丹丘生，将进酒，杯莫停。
与君歌一曲，请君为我倾耳听。
钟鼓馔玉不足贵，但愿长醉不复醒。
古来圣贤皆寂寞，惟有饮者留其名。
陈王昔时宴平乐，斗酒十千恣欢谑。
主人何为言少钱，径须沽取对君酌。
五花马、千金裘，呼儿将出换美酒，与尔同销万古愁。

面对失意，李白的态度是“人生得意须尽欢，莫使金樽空对月”。知己难逢，他乡能遇故知，便是旅途中的一大乐事。

这首诗创作于李白寻访老友元丹丘的过程中。途中，他还结识了一个新朋友，名叫岑勋。

三个人见面后，一拍即合，决定登高宴饮。正如《酬岑勋见寻就元丹丘对酒相待，以诗见招》诗中所记录的：“不以千里遥，命驾来相招。中逢元丹丘，登岭宴碧霄。对酒忽思我，长啸临清飙。”

评论家萧士赟曾云，此时的李白，正处于“抱用世之才而不遇合”的情感状态，那么，会友饮酒便是快意恩仇的最佳途径，内心的郁结通过畅饮美酒彻底得到了排解。

先看题目，《将进酒》本属于汉乐府《鼓吹曲·铙歌》的旧题，主要涉及宴会、游玩等内容。题目大意为“劝酒歌”，故古词有“将进酒，乘大白”的说法。

本诗主旨在于抒发怀才不遇的感慨，透露出乐观主义的情怀和及时行乐人间的主张。

“君不见黄河之水天上来，奔流到海不复回。”诗篇的发端气势磅礴，两组排比长句，仿佛瀑布般倾泻而下，不给读者留一丝喘息的机会，诗歌的内容和意向，在空间方位方面产生了剧烈变化。

三人饮酒处，距离黄河不远。登高远眺，大好江山一览无余，李白信手拈来，作为自己的起兴意象。

黄河九曲十八弯，激流险滩处，河面落差极大，如从天而降，一泻千里。如此壮观，定是“来自天上”呀！

黄河之水浪花翻滚，汹涌澎湃、势不可当，仿佛泰山压顶般给人造成极大的压力。然而，转眼间，却又顺流而下，欢快远去，瞬间无影无踪。

此消彼长的过程中，形成了回环往复的咏叹，气势之盛，远非五言短句所能比拟。

“君不见高堂明镜悲白发，朝如青丝暮成雪。”真是一波未平，一波又起。诗人立足时间范畴，采用对比和夸张的手法，展现了时间跨度之大、人的变化之巨。

哀叹“人生短暂”，毫无疑问是古今诗作中最常见的一大主题。

但李白另辟蹊径，并没有直接吐槽或表达感情，而是用一种情态——对镜梳妆时，发现满头青丝已一缕缕化成了雪，顿时一惊，随即哀从心起、黯然神伤。

朝朝暮暮之间，原本青春年少，皮肤吹弹可破，却顿时变成了橘皮鹤发、形容枯槁，极言变化之强烈。读起来并无恐怖之感，充满了戏剧性的夸张，容易令人感同身受。

全诗开篇，便点出人生旅程仿佛黄河水一去不复返，在奔腾不息的母亲河面前，人生短短几十年是多么短暂和脆弱。诗人描绘出了黄河的极端壮美，震撼人心；点染出了生命从年幼到衰老的残酷过程，字里行间流露着的悲伤，飘飘荡荡、不绝如缕。

诗句中，也蕴藏着李白悲天悯人的气魄，仿佛巨人动容、石雕落泪一样的柔情感伤，有人称此开头具备“惊心动魄的力量”。

这类开篇在其他诗人的作品中虽然颇为少见，但在李白自己的作品中，却很常见，如在《宣城谢朓楼饯别校书叔云》中的诗句“弃我去者，昨日之日不可留；乱我心者，今日之日多烦忧”，便与此句有异曲同工之感。

评论家沈德潜曾云：“此种格调，太白从心化出。”如此手法，可谓技巧，又不全是技巧，充满了个人风格，象征着李白的精神血脉。

无法模仿，不可重现，难以超越。这就是李白的旷世才学。

“君不见”这类开头，在普通的乐府诗里，只在篇首或篇末偶尔用一下。但李白却连用两次，极大地增强了诗句的感情色彩，即“大开大合者”中的“大开”。

这个开头，表面看来，似乎有些悲观的意思。但，熟悉作者的读者都知道，悲观绝非李白的本性。

面对时间的不可逆，面对生命的凋零，面对流水落花春去也，无人不伤感，无人能幸免。但此处的悲伤，对李白来说，似乎过于深沉了。

马上，诗人便话锋一转，给出了终极答案：“人生得意须尽欢。”纵情享乐，便能了无遗憾。

通过强化当下的体验，来对抗时间的流逝、生命的虚无。生命虽轻，今天的欢乐最重；生命虽苦，当下的纵情最甜。

李白没有直白地用“饮酒”二字，而用“金樽”“对月”等词汇，形象地描摹出了欢饮琼浆玉液的情景，栩栩如生、趣味盎然。

诗中，没有直接倡导要狂欢、要豪饮，而是用“莫使”“空对月”的双重否定句，表达了更加强烈的语气，即“人生得意须尽欢”。

但尽欢之后，就此醉倒沉沦吗？当然不是！

李白昂然的乐观主义精神再次凸显，“天生我材必有用”，这句诗读起来令人血脉偾张，“有用”“必”，何等自信、何等乐观的字眼儿，堪称李白标榜自我价值的人生宣言。

至此，开篇略有些消极的情绪终于褪去，渴望入世的乐观主义精神凸显，正如这句所云：“长风破浪会有时，直挂云帆济沧海。”

既然如此，当下，一定要痛饮高歌，散尽万金也无须介怀，毕竟“千金散尽还复来”，这句依然表明了诗人的高度自信，金钱虽能让鬼推磨，但李白有本事、有豪气说出视金钱如粪土的话语，这种气概足以震慑天地间的一切凡夫俗子。

正如《上安州裴长史书》所云：“曩昔东游维扬，不逾一年，散金三十余万。”诗如其人，言行合一，着实令人佩服、赞叹。

这样的激情，是骨子里真实性格的外显，装腔作势者，能描个轮廓，能扯个大概，但气势之雄浑、情感之充沛、起伏之剧烈，无人能与李白比肩。

品最美的酒，吃最痛快的宴席，写最酣畅淋漓的诗句。这就是李白的追求和乐趣。

放浪形骸至极，情绪升腾到了顶点，诗歌的节奏、旋律也更急切了。

此刻，李白已酒至酣处，恍然间，仿佛有人在耳边高声亲热地劝酒："岑夫子，丹丘生，将进酒，杯莫停。"几个口语般的断句，鱼贯而入，增强了诗歌的节奏感，劝酒也更加逼真、动人。

既然咱们有幸坐在一起畅饮美酒，酒逢知己千杯少，李白突然变成话唠，要"与君歌一曲，请君为我倾耳听"。

下面八句诗歌，算是诗人的"唠叨"，听起来似乎是喝醉后朋友间"推心置腹"之语，读之却有五光十色之感，令人奇之又奇，若神来之笔。

李白对当朝权贵和所谓的圣贤进行了猛烈的嘲讽："钟鼓馔玉不足贵，但愿长醉不复醒。"

"钟鼓馔玉"象征着大富大贵的生活，唐朝的贵族人家，吃饭时要鸣钟列鼎，容器仿佛玉石雕刻一般精致，食物也要摆放得整齐漂亮。

有权有势的人，过着锦衣玉食的生活。但这样的奢华生活，在李白看来，并“不足贵”，不稀罕，诗人宁愿“长醉不复醒”。在李白看来，若能日日畅饮美酒、歌舞升平、沉醉不复醒，才是好人生。

酒后之人，总会变得有点愤青，李白也不能例外。放浪形骸之后，他便开始酒后吐真言了——虽然“天生我材必有用”，但也会遭遇“大道如青天，我独不得出”。

想起自己遭遇的种种过往，愤懑之下，李白认为富贵如浮云，“不足贵”；甚至，诗人还说了略显极端的话，“古来圣贤皆寂寞”，这句有自我安慰之意，既然圣贤们都寂寞难耐、知音难觅，那自己的遭遇也实属平常了，选择长醉不醒才是正途。

李白用古人的遭遇劝诫朋友，实则是自我安慰了一番。

“古来圣贤皆寂寞，惟有饮者留其名。”古往今来，那些圣贤、名流，都是孤独寂寞的，很多人生前不为人知。只有那些纵情豪饮的人，才能流芳千古。

谈到“惟有饮者留其名”，诗人便以“陈王”曹植举例，化用曹植的作品《名都篇》中的诗句“归来宴平乐，美酒斗十千”。

李白认为，连衔着金汤勺出生的曹植，都经历了那么多的人生波折，自己这点小坎坷又算得了什么呢？

李白始终自诩天赋奇高，这时却也忍不住吐槽：“古来圣贤”没人不寂寞，连“陈王”曹植都曾倍感失落，诗中蕴含着悲壮的忧郁、深沉的愤怒，却饱含着壮志未酬的雄心、无可比拟的自信，此处的诗情正如一些评论家所言：“悲而不伤、悲而能壮。”

恰在此时，主人打断了李白的“絮叨”，抱怨“言少钱”——喝太多了，钱不够了！这吐槽，正好触到了李白的敏感点，撞上了李白的枪口。李白回怼道“主人何为言少钱”，情绪更加狂放，笔触愈加猛烈。

此处，照应了“千金散尽”一句，千金散尽又如何？库房里的宝物拿出来卖掉换钱，继续饮酒作乐。

“五花马”是周身呈五色花纹的千里良驹，“千金裘”是华美、昂贵的衣服。李白吆喝着，把这些宝物都卖掉去换成美酒，只为今朝的一醉方休。

结尾很妙，不止因为“呼儿”“与尔”等昂扬恣肆的姿态，更来自宾主倒置的任意妄为。

李白，不过是寻友做客的身份，却身居主位、颐指气使，让主人家的公子来端酒，让仆人把主人的宝物拿出来典当买酒，让读者傻傻分不清楚谁是“主人”，谁是客人。

滑稽荒诞却不失豪迈，浪漫主义的笔锋尽显。饮酒至此，手舞足蹈，不分主宾，放浪形骸。

诗情未尽处，最终句迸出诗人心胸，“与尔同销万古愁”——气吞古今，将全诗情感推向高潮。

今天，李白要跟世间所有凡夫俗子一起，将有史以来的仇怨，全部一笔勾销。气魄高伟，想象力雄浑，笔力夸张至极。一个“愁”字，照应了开篇的“悲”。

《将进酒》气象不凡，笔墨夸张，饱含深情，情绪酣畅淋漓，上天入地，语气跳跃，超脱常规。

悲愤却乐观，狂放却节制，怨怼却自信，夸张却戏谑。气势充沛，气贯长虹。

诗情大起大落，情绪大悲大喜，姿态从满不在乎到义愤填膺，再到浑然不在意，终结于“同销万古愁”，照应开头，如一个闭环。诗人用笔触带动着读者体会着剧烈的情绪，不着痕迹，仿佛幕后主将般气定神闲地运筹帷幄、纵横捭阖。

这类诗作，能模仿吗？似乎可以。能超越吗？绝不可能。

全诗以七言为主，用三言、五言、十言的句子穿插其中，打破常规，参差错落，出乎意料。

诗句看似散乱，但短句对仗，如“岑夫子，丹丘生”“五花马、千金裘”等，节奏紧凑，时紧时慢，时张时迟。

《唐诗别裁》中形容此诗：“读李诗者于雄快之中，得其深远宕逸之神，才是谪仙人面目。”评价李白实乃太白金星下凡，当之无愧的天才之笔。

李白号称“诗仙”，“诗鬼”为李贺，李贺曾写过一首风格迥异的《将进酒》：“琉璃钟，琥珀浓，小槽酒滴真珠红。烹龙炮凤玉脂泣，罗帏绣幕围香风。吹龙笛，击鼍鼓；皓齿歌，细腰舞。况是青春日将暮，桃花乱落如红雨。劝君终日酩酊醉，酒不到刘伶坟上土！”

二人都是唐代杰出的浪漫主义诗人，因时代不同，性格各异，这两篇《将进酒》的风格也大相径庭。

李白的遭遇若用“不顺”二字来形容，那李贺的一生则可用“潦倒落魄”来形容。

李贺出身没落贵族世家，空怀壮志、满身才华，却一生不得志，在27岁就病故了。因情绪抑郁、生活困顿，他的诗云谲波诡、阴暗恐怖，上至神仙，下至鬼怪，想象力夸张，笔力清奇。

李贺的《将进酒》，描写了一场特别的宴会。开头，诗人极写宴会之奢华，酒器精美绝伦，歌舞曼妙无比，高朋满座热闹非凡。

但诗鬼马上笔锋一转，“况是青春日将暮，桃花乱落如红雨。”落花陨落，春天消亡，正如诗人满目疮痍、艰难苦涩的青春时光。

结尾句“劝君终日酩酊醉，酒不到刘伶坟上土”，引用了竹林七贤之一的刘伶的典故。

据《晋书》记载，刘伶曾乘车饮酒，并称若在途中去世，将他就地掩埋。李贺用此典故自比，表达了对自身悲惨遭遇的愤恨，却又无可奈何，有点破罐子破摔的意思。

全诗前段欢乐至极，却乐极生悲，反差巨大，用笔夸张，给读者造成了断崖式的心理落差，恰似误打误撞进了诗人的内心世界，不免让读者跟他一起沉浸在消沉、颓废的情绪中无法自拔。

两首《将进酒》，艺术上难分伯仲，风格迥然不同。李白的诗，采用波澜壮阔的气势宣泄了苦闷和抑郁。李贺则用急转直下的情绪，给人以警醒，仿若生命中不可承受之重。读者可对比朗诵，体会其中的情感变化。

前路迷茫，美酒做伴。

人生没有回头路，谁不是只有一次机会，谁不是摸着石头过河？

有的人跌倒了，在泥潭里颓废、沉沦，怨天怨地；有的人跌倒了，在泥潭里扑腾几下，弄个大花脸、满身黑，却没有颓唐，还把自己逗乐了。

压力还在，欲望都有。如何排解，如何宣泄，是门学问。也许是遛狗斗鸡，也许是饮酒狂欢，也许是散尽千金。

你选择希望，希望就在前面；你选择绝望，前路就更加迷茫。

孰对孰错，人人心中都有一杆秤。

逆旅人生

夫天地者，万物之逆旅也；光阴者，百代之过客也。

而浮生若梦，为欢几何？

古人秉烛夜游，良有以也。

况阳春召我以烟景，大块假我以文章。

会桃花之芳园，序天伦之乐事。

群季俊秀，皆为惠连；吾人咏歌，独惭康乐。

幽赏未已，高谈转清。

开琼筵以坐花，飞羽觞而醉月。

不有佳咏，何伸雅怀？

如诗不成，罚依金谷酒数。

——《春夜宴从弟桃花园序》

聚散总有时，离别相依依。

相聚是一种缘分，尤其是跟阔别多年的亲友。掐指一算，李白已离开家乡太久了，久到常忘记自己是蜀地的子孙。

但现在，在这美丽桃园里，诗人有机会跟自己的亲人们把酒言欢、畅叙思念之情。有感于此，他写下了这篇小文《春夜宴从弟桃花园序》。

夫天地者，万物之逆旅也；光阴者，百代之过客也。
而浮生若梦，为欢几何？
古人秉烛夜游，良有以也。
况阳春召我以烟景，大块假我以文章。
会桃花之芳园，序天伦之乐事。
群季俊秀，皆为惠连；吾人咏歌，独惭康乐。
幽赏未已，高谈转清。
开琼筵以坐花，飞羽觞而醉月。
不有佳咏，何伸雅怀？
如诗不成，罚依金谷酒数。

大地散发出暖烘烘的气息，绿色的嫩芽从黑色、柔软的泥土中萌发。春风里，万绦垂绿，姹紫嫣红。

在晴好的天气里，李白跟几个堂兄弟摆酒设宴、谈笑风生。清风徐来，水波涌动，宴席上少不了诗词歌赋。大家轮流吟诗，吟不出来的便要罚酒，欢声笑语不绝于耳。

于是，李白诗兴大发，用一句议论句作为开头：“夫天地者，万物之逆旅；光阴者，百代之过客。”

人生是一场关于苦难的修行，苦旅中，人人都是过客，人人又都是参与者，无人能幸免，无人能作壁上观，无人能始终笑看人生。

过珙在《详订古文评注全集》卷六中云：“只起首二句便是天仙化人语，胸中有此旷达，何日不堪？”意思是，如此开头便已惊为天人。过珙认为，只有胸中旷达如天地星辰者，方能有此感悟，落字珠玑，掷地有声。

“而浮生若梦，为欢几何？古人秉烛夜游，良有以也。”为什么要抓紧当下的光阴及时行乐？因为“浮生若梦”——时间珍贵，古人便有秉烛夜游的典故，无外乎为了及时享乐。

李白不说自己想游玩，却讲述了“古人秉烛夜游”的原因，如此一来，和兄弟们的“夜宴”也就师出有名、水到渠成，无须赘言了。

除了古已有之的玩法，“夜宴”还有一个原因，那就是“况阳春召我以烟景，大块假我以文章”，“况”字代表递进关系，进一步回答了“为欢几何”。

这是大好的阳春之夜，美妙的“烟景”召唤着人间凡物，“大块”地把他的“文章”献给众生，岂能轻易辜负、错过呢？

“阳”字放置于“春”前，把虚拟的春天感觉化，似乎这种暖洋洋的感觉已经从诗中流淌出来，流到了读者的身上。

两三句的点染，便营造出了美妙的春天景象。白日里，暖烘烘的阳光照射着大地；到了傍晚，大地蒸腾起氤氲之气，雾蒙蒙，似烟似幻。春天的精灵，幻化无形，无处不在；春天的气息，弥漫于空气中，仿若袅袅轻烟。

正如李白在《黄鹤楼送孟浩然之广陵》一诗中所描绘的“烟花三月”一般，这里同样唤醒了读者对春日美景的遐想。

天大地大，网罗一切可能，一切均为自然造化之“文章”，诗人仿佛从一片春日美景中，读到了最文采斐然、赏心悦目的神来之笔。

整句话将审美客体拟人化，“阳春”有情，因为她放出了充满魅力和神秘色彩的“烟景”召唤众生。诗人和兄弟们作为审美主体，此时此刻别无选择，自然要与无胜美景合二为一了。

“会桃花之芳园，序天伦之乐事。”这句引出全文主体部分，点出了“如何”来“叙天伦之乐事”，照应了“为欢几何”中的“欢”字，被赋予了更丰富的内涵。

李白独自在外漂泊已久，与亲人们分别多年不能相见，“浮生”浪荡。在今日终于有机会享亲情之乐，在这大好春日，桃花园中，鲜花盛开，香气扑鼻，可谓天时地利人和，更应该饮酒作乐，畅叙幽情。

“群季俊秀，皆为惠连；吾人咏歌，独惭康乐。”李白的偶像是南朝诗人谢灵运，谢灵运有个族弟，名叫谢惠连，他擅长诗文书画，李白便夸奖自己的兄弟“群季诸弟俊秀，皆为惠连”，用谢惠连比拟几位从弟，顺便以谢灵运自比。

“吾人咏歌，独惭康乐。”李白自比谢灵运，接着马上来一句谦虚的话，实则更加凸显内心的自信和骄傲。

“幽赏未已，高谈转清。”风景如画，助长了谈兴，美景烘托乐事，乐此不疲，夜宴的情绪逐渐推高。

“开琼筵以坐花，飞羽觞而醉月。”这句诗描绘出“春夜宴桃花园”的具体场景，在这个月圆的春夜，花香弥漫，幽赏高谈，乐趣无穷。

“飞羽觞而醉月”，描绘出席间觥筹交错、推杯换盏的场面，一个“飞字”淋漓尽致地展现出众人痛饮狂欢的场景。

狂欢时刻，用“畅饮”来助兴，似乎有点“粗”，不够“雅”。光喝酒不足以尽兴，兴之所至一定要拿笔拿纸来作诗一首，如果“不有佳作”，怎么能叫痛快呢——正如“何伸雅怀”所表达的意义。至此，全篇结束。

表面上看，这是一首描绘春日夜宴、家人团聚的诗文，讲述了李白和兄弟们在桃花园聚会赋诗、畅叙天伦的场景，其中饱含着诗人对人生无常深沉的忧伤和喟叹，如“浮生若梦”等诗句。诗人发出及时行乐的感慨，全诗充满了闲情逸致，也蕴含着哲理思辨的意味。

诗中流露出诗人内心的矛盾情绪，既哀叹时光流逝、一无所成，又主张人生苦短、及时享乐，两条支线交织在一起，并不冲突，还产生了开阖排宕的感觉。全诗总体上表现了李白的乐观主义精神和浪漫主义情怀。

在《古文笔法百篇》卷十四中，李扶九曾评价："一句一转，一转一意，尺幅中具有排山倒海之势。短文之妙，无逾此篇。"这句的意思是，李白的诗，情思大起大落，起承转合具备"排山倒海"的气势。李扶九认为，区区不足两百字的短文便能有如此变化，论及变化多端，没人能及李白。

整篇诗文一百十九字，从议论人生短促始，转入感叹良辰美景的可贵，继而开始对月醉饮狂欢、吟诗作画。起于虚无，止于现实。波澜壮阔，情调悠长，回味无穷。

后人吴楚材、吴调侯在《古文观止》卷七，曾评论此文的韵律："发端数语，已见潇洒风尘之外。而转落层次，语无泛设；幽怀逸趣，辞短韵长。读之增人许多情思。"他们认为，李白这首诗的句式不拘泥于刻板的旧习，短长自由、骈中有散。

对于这篇文章的骈文风格，评论家王符曾也在《古文小品咀华》卷三中谈道："未脱六朝骈俪习气，然与堆砌者殊异。”王符认为，这首诗虽类似六朝骈文，但迥然有异，代表了唐代骈文向散文过渡的演变过程。

清代评论家林云铭，曾在《古文析义》卷十中评论此文：“大意谓人生短景，行乐犹恐不及，况值佳辰，岂容错过。寄情诗酒，所以为行乐之具也。青莲全集，强半是此段襟怀。此副笔墨，若出他手，则锦心绣口，不可多得矣。”

林云铭极赞诗歌情调的别致，行文清新俊逸，转折自如，并且认为，如此题材给别人写，只能落了俗套，唯有李白方能达到如此高度。

谋篇布局方面，诗人采用了缘题生发之法。余诚在《重订古文释义新编》卷七中论及诗歌主题，认为通篇围绕着“夜”字展开，开篇便提及了光阴转瞬即逝，发出人生须臾之叹。

余诚谈道：“见及时行乐者，不妨夜游，发论极其高旷，却已紧照题中夜宴意，是无时不可夜宴矣。下紧以‘况’字转出春来，而春有烟景之召，大块之假，夜宴更何容已耶。于是叙地叙人叙宴之乐，而以诗酒作结。妙无一字不细贴，无一字不新隽，自是锦心绣口之文。”余诚认为全诗字字珠玑、妙不可言。

其实，关于诗歌是何主题，在题目“春夜宴从弟桃花源序”中也能略见一二。题目包含着以下几个场景：宴、春夜之宴、春夜桃李园之宴。文中提出的“为欢几何”，则为全篇主旨。

结构变化多，是本文的一大特点。开头，诗人起兴于天地万物、人生变幻的感喟，将看似寻常的家宴放置在宇宙人生、终极关怀的高度进行探讨，开篇站位奇高，意境深远。

结尾“不有佳作，何伸雅怀？如诗不成，罚依金谷酒数”，这几句似是信手拈来，随性尽意，悠然搁笔，引人浮想联翩。

时光荏苒，纵然是当代人再读此文，仍恍若穿越重重年代，来到李白的夜宴上，看他饮酒，听他吟诗，觥筹交错的场景似在眼前。

此文蕴含了极强的抒情性，文中，不论时间、场景、地点，还是人物、对话、活动，虽感慨伤怀，但始终洋溢着乐观进取的精神，充满热烈生活的激情。

将这样的情感，写进与兄弟们相会、饮酒作乐的场景，真挚、率性、亲切、欢畅，上达天地神明、神采飞扬，却又脚踏实地，充满生活气息。

李白的诗文，以奇崛豪情为主，以浪漫主义情怀为线，抒壮志、诉慷慨者居多。如此文般描绘小情调、表达小惬意、续写小清新的文章小记，少之又少。

在《李太白全集》中，这篇骈文比不上《蜀道难》等奇文声名远播。但这篇文章，在欢聚中阐述了哲理，在美好时主张纵情狂欢，在微观里藏着庄重旷达，特色鲜明，堪称锦绣之文。

生活的底色非白，非黑，非无尽的沉沦黑暗，也非五光十色的艳丽。生活的底色，是说不明、道不尽的灰。无法选择，命中注定。

但每天的底色，是一种生活的态度，人人都可选择。几滴春雨，一抹斜阳，一朵残花，这是大自然的恩赐，你我皆可从中提取能量，振奋精神。

生活中的美好，需要主动开拓、找寻。春夏秋冬、雾雨雷电，始终存在，只因闭上了心灵之眼，才有了诸多错过。

诗意地栖居，口说无凭，需要行动。将生活过成诗，不需要黄金屋，也不需要颜如玉，需要的是，做出对自己负责的选择。

用心体会，枯燥中也有欣喜；用爱温暖，苦涩里也有甘甜；用笑面对，迷茫也中会有阳光。

人生实苦，负重前行。蓦然回首，苦痛衰减，似梦一场。

平时，我们淹没在俗常事务中，无法自拔。也许应该学学李白，既然浮生若梦，何不片刻偷闲，去聆听，去寻觅，去尝试，去改变，去选择，也许会遇到不一样的自己。

李白，选择了乐观，选择了自信，选择了活在当下。

第四章 红尘滚滚

念念不忘，真的会有回响？等来的也许是真命天子，也许是更加波折的命运，也有可能千帆过尽后选择安于平凡。人生在世，谁能没点追求呢，谁能不心怀希望呢？也许，生命的意义，就在于如何『折腾』。

仰天大笑

白酒新熟山中归，黄鸡啄黍秋正肥。
呼童烹鸡酌白酒，儿女嬉笑牵人衣。
高歌取醉欲自慰，起舞落日争光辉。
游说万乘苦不早，著鞭跨马涉远道。
会稽愚妇轻买臣，余亦辞家西入秦。
仰天大笑出门去，我辈岂是蓬蒿人。

——《南陵别儿童入京》

哲学告诉我们，万事万物都是运动变化的。回想当年，李白第一次来到长安，创作了《玉真仙人词》。

玉真之仙人，时往太华峰。
清晨鸣天鼓，飙欻腾双龙。
弄电不辍手，行云本无踪。

几时入少室，王母应相逢。

当时，李白希望能借此诗，获取皇帝胞妹玉真公主的青睐和引荐，未承想遇到了嫉贤妒能之人，没有献诗成功。相比之下，同时代的诗人王维就幸运多了。

除了善于作诗，王维还擅长弹琵琶，他凭借这项技能跻身上流社会，攀上了长安权贵岐王，并被岐王引荐到了玉真公主的私人宴会上。

公主的宴席，少不了音乐，除了固定的几个艺人、伶人，作为宾客受邀参会的王维主动献了一首自创的琵琶曲，曲调婉转幽怨，融入了个人情感，技艺明显高于普通弹奏者，成功吸引了公主注意。

说实话，王维是个颇有心机的人，他提前在飘香的纸张上誊写了个人佳作放在怀里，待公主召见他时，乘机献上。公主惊奇地发现，其中有多首诗歌耳熟能详。

这时，公主抬头细细打量王维，只见他羽扇纶巾、玉树临风、风流倜傥。如此，王维便入了公主法眼。

岐王趁机说了王维参加科考求取功名的打算，公主欣然应允。所以，虽然王维是通过参加科举考试走上仕途的，但是他所参加的考试都“打过招呼”，算是被“照顾”后考取的。

后来，王维进士及第。唐代薛用弱的《集异记》、宋代辛文房的《唐才子传》等民间典籍对此事均有记载，看来，唐代靠“走后门”做官的事情屡见不鲜。

不仅如此，据唐代野史记载，王维还成了公主的座上宾、幕中人，即公主的“男朋友”。

李白也想学习王维——打通玉真公主的关系，获取跻身上流社会的机会。等待多年，李白终于成功了。玉真公主向唐玄宗引荐了李白，唐玄宗下诏命李白入京面圣。

唐玄宗对李白早有耳闻，甚至还读过李白的很多诗，此番征召，主要看中李白的旷世才学，希望李白伴驾随侍，并未打算让他成为朝廷重臣。然而，建功立业、成就一番事业才是李白的目的，诗歌只是自己的敲门砖。

引荐的初衷，细细想来，就有些许阴差阳错的味道，也预示了不久后尴尬的结局。

不管怎样，现在的李白终于梦想成真了。他抱负远大，曾立志“申管晏之谈，谋帝王之术，奋其智能，愿为辅弼，使寰区大定，海县清一”。

接到唐玄宗宣他入京的诏书，李白异常兴奋，立刻回到南陵（即现在的安徽）家中，与孩子们告别，准备启程赶赴长安。

临行前，42岁的诗人感慨万千，挥毫作诗《南陵别儿童入京》。

白酒新熟山中归，黄鸡啄黍秋正肥。
呼童烹鸡酌白酒，儿女嬉笑牵人衣。
高歌取醉欲自慰，起舞落日争光辉。
游说万乘苦不早，著鞭跨马涉远道。
会稽愚妇轻买臣，余亦辞家西入秦。
仰天大笑出门去，我辈岂是蓬蒿人。

“白酒新熟山中归，黄鸡啄黍秋正肥。呼童烹鸡酌白酒，儿女嬉笑牵人衣。”全诗开篇，李白描绘了一幅丰收的景象：喷香的白酒刚酿好，摆上了饭桌，这时诗人恰好从山中归来，马上端起酒碗畅饮一番。

放下空碗，诗人抬起衣袖擦拭唇边。庭院里，只见一只吃饱了谷粒的黄鸡昂首挺胸在散步，油滑光亮的皮毛在阳光下泛着光泽。诗人赶紧叫来仆人，逮住这只鸡，并用刚酿成的酒炖好，吃起来美味无比。

这几个特写“镜头”渲染了一种欢快的情绪，李白是无酒不欢之人，大喜时刻更是酒兴勃然，一进家门就“呼童烹鸡酌白酒”，能想象诗人神采飞扬的状态。

“儿女嬉笑牵人衣”，显然，孩子们也受到父亲情绪的感染，嬉笑着牵起父亲的衣襟。

人逢喜事精神爽，此情此态真切动人，饮酒似乎还不足以表现诗人内心的兴奋，于是，他一边痛饮，一边高歌起舞，以表快慰。

平凡的生活场景更能突出一家人的兴奋，喝酒吃菜、手舞足蹈，寥寥数字，形象地展现出了一副其乐融融的景象。

李白再兴奋也不为过，毕竟诗人已经等了那么久，久到几乎要放弃了。

老天终究没有放弃这个胸怀大志的人，在他闷闷不乐、郁郁不得志之时，天降良机，李白觉得终于可以建功立业、实现政治宏愿了，无以言表的喜悦，为下文的进一步抒情埋下了伏笔。

“高歌取醉欲自慰，起舞落日争光辉。游说万乘苦不早，著鞭跨马涉远道。”酒酣耳热，兴致高昂。诗人突然注意到墙边的宝剑，宝剑出鞘，醉而起舞，剑光舞动令人眼花缭乱，剑身反射的阳光更让观者无法直视，潇洒、自如、酣畅淋漓。一边是壮美的落日，一边是陶醉的舞剑者，二者之美不相上下。

脚步略显凌乱，但诗人的内心是清醒的，建功立业虽要趁早，但及至中年才得赏识，也不算晚，应趁此机会快马加鞭迎头赶上。

这句，诗人采用了对比和反衬的手法，“苦不早”三个字其实是正话反说，表现李白深觉依然有时间实现抱负的心理活动，也暗示了诗人前半生的曲折经历。

“会稽愚妇轻买臣，余亦辞家西入秦。”这句诗是诗人形容自己落魄之时，连“会稽愚妇”都能看不起，但现在诗人一朝得势，有机会去长安面圣，即将青云直上，不用再介怀这些烦恼了。

在这里，李白引用了一个典故。据《汉书·朱买臣传》记载：有一个会稽人名叫朱买臣，早年家里很穷，上山砍柴为生。他利用砍柴、担柴走路的时间背书，但他的妻子即“会稽愚妇”，对他十分嫌弃，离开了他。没想到朱买臣晚年学有所成，并得到汉武帝的赏识，还做了会稽太守。

李白把那些曾经看不起自己、诬陷、侮辱、阻挠自己的人比作“会稽愚妇”，称这些人目光短浅，不识泰山。

诗人自比朱买臣，觉得自己也将晚年得志，肯定能像朱买臣一样，西去长安便扶摇直上，丝毫不掩饰内心的志得意满！

“仰天大笑出门去，我辈岂是蓬蒿人。”最后一句可谓全诗高潮，也是情绪的顶峰。诗人仰面朝天、纵声大笑向成功走去——我怎么会是沉沦一生的凡夫俗子呢？

诗歌情绪不断发展变化，经过层层推演和铺垫，感情升至顶峰，“仰天大笑”——这是无尽得意、无尽张扬的姿态；“岂是蓬蒿人”——这是无比自负、无比骄傲的心态。这两句诗描摹出李白的踌躇满志和意气风发，形象刻画入木三分。

酒足饭饱之后便要上路了，小人在暗中嫉妒着，坏人在远处偷窥着，但李白完全不在意，看着他们仰天大笑，这种笑看众生的感觉真是太好了！

这首诗是写实，记录了诗人的人生转折点。了解这件影响他命运的大事，有助于了解李白的生活变化、思想变迁，也有助于厘清其诗风脉络。

全诗叙事中带有抒情，采用直陈其事的赋体，有比兴，有正面描写，有反衬烘托，只描摹了一个“闪回”般的镜头，却层层伏笔、句句深入、不断升华，感情真挚鲜明、虚伪不做作。从下山，到回家，再到离家，有头有尾，有始有终。

李白的诗，悲伤如秋风扫落叶，肃杀、冷酷；欢乐如大鹏上青云，潇洒、爽快，论及巅峰体验，也不过如此。

希望越大，失望越大。李白无比自负，以为即将开始新的人生征程，却没想到，这是人生下坡路的转折点。

未来，是更冷的现实，是更绝望的境地，是更不能承受之重。也许，沉浸于当下的快乐，挺好，毕竟还充满希望。

人之所以痛苦，就在于错误的追求，在于不能实现的“执念”，在于不切实际的幻想。

李白的追求似乎算不上“不切实际”，但总是有很多阴差阳错，很多失魂落魄，很多伤心失望。

李白的“痛点”，在于对实现政治抱负的深切渴望，但他始终用写诗作赋自我推荐，这属于文学艺术的范畴，在唐代被归为“消遣娱乐”一类，与政治理想相去甚远。

李白的确敲开了皇家大门，却走错了方向，这也许是其未来仕途坎坷的重要原因。

当然，不能在官场走得更远，也跟他恃才放旷、率性而为的性格有关。

对待生命的光辉时刻，不妨大胆一点，任性一些，不管前路如何，活在当下没什么不妥。

毕竟，生命只有一次，“当下”只有一回。

天子交欢

少年不得意，落魄无安居。
愿随任公子，欲钓吞舟鱼。
常时饮酒逐风景，壮心遂与功名疏。
兰生谷底人不锄，云在高山空卷舒。
汉家天子驰驷马，赤军蜀道迎相如。
天门九重谒圣人，龙颜一解四海春。
彤庭左右呼万岁，拜贺明主收沉沦。
翰林秉笔回英眄，麟阁峥嵘谁可见?
承恩初入银台门，著书独在金銮殿。
龙钩雕镫白玉鞍，象床绮食黄金盘。
当时笑我微贱者，却来请谒为交欢。

——《赠从弟南平太守之遥其一》

策马扬鞭，日夜兼程，李白奔向朝思暮想的长安。

李白怀着满腹豪情，再次来到这里。他想，从此，再也不会遭遇冷言冷语，再也不会被人欺辱看低。

长安，依然那么繁华。但，李白内心不再茫然，不再忐忑，脚步不再踉跄。

迷雾消散，晴空万里。喧嚣的人群激荡着诗人的内心，滚滚红尘刺激着诗人的视听。

李白踌躇满志，做好大展宏图的准备。

谁知，庙堂已被大权独揽的李林甫搞得乌烟瘴气，朝纲混乱；边关地区，安禄山的势力逐渐发展壮大，蠢蠢欲动；唐玄宗骄奢淫逸，沉迷酒色，大唐由盛转衰。

甫进长安，李白在长安城内择一处僻静之地安顿下来，等待召见。

苦等让人无聊，诗人每日在街头闲逛。这天，李白决定走访一下长安的道观，便来到道观紫极宫，出乎意料地碰到了已八十多岁高龄的贺知章。

贺知章，字季真，越州永兴（今浙江杭州萧山区）人。他晚年自号“四明狂客”“秘书外监”，86岁病逝，在当时绝对是高寿了。

贺知章不仅是唐代大诗人，还是当时著名的书法家。为人旷达不羁，尤其好饮酒，有“清谈风流”之誉，晚年更是饮酒不息。

据史书记载：“天宝初，贺知章请为道士还乡里，诏赐镜湖剡川一曲，御制诗以赠行，皇太子以下咸就执别。建千秋观以隐居其内，未几卒，年八十六。肃宗赠礼部尚书。”

当时，贺知章与张若虚、张旭、包融并称“吴中四士”；与李白、李适之等谓“饮中八仙”；又与陈子昂、卢藏用、宋之问、王适、毕构、李白、孟浩然、王维、司马承祯并称“仙宗十友”。

贺知章诗文以绝句见长，除祭神乐章、应制诗外，其写景、抒怀之作风格独特，清新潇洒，其中《咏柳》《回乡偶书》等诗文脍炙人口，千古传诵。其作品大多散佚，《全唐诗》录其诗19首。

贺知章和李白都是有名的“酒仙”。

杜甫的诗篇《饮中八仙歌》中的第一首，便描写了贺知章，原诗为“知章骑马似乘船，眼花落井水底眠”。

意思是贺知章醉酒后骑马，在马上东倒西歪，仿佛坐在一艘小船上。后来，贺知章没握住缰绳，骑马坠井，干脆在井下睡着了，得“酒仙”之名。

李白与贺知章相逢后，一拍即合，两人饮酒长谈，不亦乐乎。那日贺知章首次读到李白的《蜀道难》，遂惊为天人。

读罢《蜀道难》，贺知章再观李白本人，感觉他气质超凡脱俗，颇具仙风道骨，于是称李白为“谪仙人”。

两个人同样自我旷达，同样放荡不羁，顿感相见恨晚，把酒言欢直至黄昏时分，仍旧依依不舍。贺知章继续邀请李白去附近的酒馆饮酒，却发现酒钱不够。于是，他解下多年佩戴在身、唐玄宗赠送给他的金龟，作为酒钱。

李白曾写道："钟鼓馔玉不足贵，但愿长醉不复醒。"这句诗描述的便是一种随心所欲、风流恣肆、快活人间的状态，正如此时的贺知章。后来，贺知章也向唐玄宗大力举荐了李白。

多年之后，贺知章去世已久，李白在《对酒忆贺监二首并序》中深切缅怀了这位"忘年交"。

四明有狂客，风流贺季真。
长安一相见，呼我谪仙人。
昔好杯中物，翻为松下尘。
金龟换酒处，却忆泪沾巾。

诗中回忆了二人相识的过程，表达了相知后的惊喜与快慰，并追忆老友的情景，遥遥地向故去的老友贺知章传递着自己的思念。

不久后，李白来到金銮殿，见到了唐玄宗。

此时，李白的内心是汹涌澎湃的，脸上写满了藏不住的喜悦和骄傲。然而，盼望已久的尊贵之地，殊不知早已金玉其外败絮其中。

关于唐玄宗和李白的首次见面，李阳冰的《唐李翰林草堂集序》一文中有详细描述，因为李白与李阳冰私交甚笃，此记载可信度较高。

《唐李翰林草堂集序》记载："天宝中，皇祖下诏，征就金马，降辇步迎，如见绮、皓。以七宝床赐食，御手调羹以饭之，谓曰：卿是布衣，名为朕知，非素蓄道义何以及此？"

在唐玄宗下诏书之后，李白来到长安宫中。唐玄宗看到李白，马上走下步辇，亲自走到李白面前迎接他，这在当时是非常隆重的待遇了。

随后，唐玄宗专设宴会款待李白，让他跟自己一起坐在皇帝御用的七宝床上。顾名思义，"七宝床"就是镶嵌着七彩宝石的宝座。

不仅如此，唐玄宗还亲自为李白调制汤羹，对他说："虽然你出身草根布衣，但才学造诣如雷贯耳，你品德高、诗文妙，咱们才能有机会见面！"

从接待规格分析，唐玄宗十分器重李白，大诗人一时风头无两。

随后，唐玄宗将他安置在金銮殿内伴驾，与翰林院的大臣、名仕共同议论国事、草拟诏书。

可想而知，当时的李白，定然沉浸在梦想实现刹那的光彩中不能自拔。时过境迁后，每每忆起那个场面，李白内心依然激动不已。在《赠从弟南平太守之遥其一》中，诗人描述了那个光辉时刻的内心所感和所见所闻。

少年不得意，落魄无安居。
愿随任公子，欲钓吞舟鱼。
常时饮酒逐风景，壮心遂与功名疏。
兰生谷底人不锄，云在高山空卷舒。
汉家天子驰驷马，赤军蜀道迎相如。
天门九重谒圣人，龙颜一解四海春。
彤庭左右呼万岁，拜贺明主收沉沦。
翰林秉笔回英眄，麟阁峥嵘谁可见？
承恩初入银台门，著书独在金銮殿。
龙钩雕镫白玉鞍，象床绮食黄金盘。
当时笑我微贱者，却来请谒为交欢。

李白直陈自己受到的隆重接待，唐玄宗接待他，就如当年汉武帝对待司马相如一般。待诏翰林，准备重用，可谓风光无两，若论人生巅峰也不过如此吧！

随后，诗人描写了进入翰林院的生活，两个字就能概括：

舒心。

锦衣着身，珍馐佳肴，千里宝马，莺燕环绕。当年欺辱过他的人，现在都来巴结他。

正如46岁的诗人孟郊终于进士及第之时，所写的那千古名句：“春风得意马蹄疾，一日看尽长安花。”李白的心情，也是如此激动、欣喜。

在《驾去温泉后赠杨山人》一诗中，李白表达了报效朝廷的决心。

少年落魄楚汉间，风尘萧瑟多苦颜。
自言管葛竟谁许，长吁莫错还闭关。
一朝君王垂拂拭，剖心输丹雪胸臆。
忽蒙白日回景光，直上青云生羽翼。
幸陪鸾辇出鸿都，身骑飞龙天马驹。
王公大人借颜色，金璋紫绶来相趋。
当时结交何纷纷，片言道合惟有君。
待吾尽节报明主，然后相携卧白云。

诗人直抒胸臆地向唐玄宗表忠心，表示一定尽全力辅佐朝政，以报厚待。李白希望充分发挥才能，老年可功成名就、退隐还乡。

那阵子，无论是宫中宴会，还是外出游览，唐玄宗均让李白陪侍在侧。

据《代寿山答孟少府移文书》一文记载，初始，李白认为能受到当朝皇帝唐玄宗如此“礼遇”，是他认可了自己的才华，并认定唐玄宗早晚会向自己“申管宴之谈，谋帝王之术”，认为自己一直期待的“辅弼”机会即将实现，于是李白安静等待着施展才华、实现“欲济苍生”政治理想的那一天。

据史料记载，李白官任翰林，但作为皇帝的红人，李白并未走上仕途，没有参与谋划江山社稷，没有机会施展雄才伟略，一直从事着修改文章、润色诏书等工作。

后人分析，唐玄宗命李白入翰林院，充实文臣骚客“团队”，不过是为了标榜自己是“开明君主”。

李白逐渐看出了端倪，对自己的现状颇有些费解，并陷入了迷茫。理想很丰满，现实却那么骨感。来到了梦想之地，却发现梦想的实现依然遥不可及。

究竟是自己的错，还是环境的错？究竟是梦醒得太晚，还是梦醒得太早？不得而知。

如果说以前李白的痛苦，还可以明确地陈述，那现在他又将向谁诉说自己这种微妙的难过呢？

毕竟在所有人的眼中，他的梦想已经实现，他已经常伴君王左右，他已是当时皇帝眼中的红人了。

如人饮水，冷暖自知。

身处庙堂之高，有何感受，只有诗人自己最清楚。

云想衣裳

其一

云想衣裳花想容，春风拂槛露华浓。

若非群玉山头见，会向瑶台月下逢。

其二

一枝秾艳露凝香，云雨巫山枉断肠。

借问汉宫谁得似，可怜飞燕倚新妆。

其三

名花倾国两相欢，长得君王带笑看。

解释春风无限恨，沉香亭北倚阑干。

——《清平调词三首》

李白，表面看似乎适应了这种醉生梦死的生活。

每天早晨从美梦中醒过来，白天浑浑噩噩，晚上去参加权贵们的宴席，不醉不归。

酒性大发，诗兴大发，挥毫泼墨即为经典，过着众星捧月的生活。

似乎，这样的生活很好。表面上看，波澜不兴。实际上，却暗流涌动。

李白向往青云直上，着眼江山社稷，实现政治抱负，这些似乎跟眼下的所作所为毫不沾边。

梦里看花，水中望月。

当局者迷，也不愿意清醒过来。旁观者清，却没办法叫醒局中人。

繁花似锦中，掩映着凄凉、衰败和悲哀，但，身处其中，无人愿意相信，也无法主动醒来。

在跌宕起伏中，在起承转合里，总有一些瞬间让人清醒，也总有一些场景让人惆怅。

但，又能如何呢？过早的未雨绸缪会被当作杞人忧天，偶尔的遗世独立会被认为清高做作。

得过且过也是一天，也许，当下就是最好的安排；也许，明天就是最好的选择。

翰林院的生活，很适合李白。他没被安排具体政务，每日依然如未入宫时自由，到处游览名胜古迹，结交新朋，探访旧友。

这天，李白喝多了，还没醒过来。唐玄宗的传召已到，要他赶赴皇宫作诗。来人无论如何叫不醒当世酒仙，只好用一盆冷水将其泼醒，生拉硬拽进了宫。

春日，万物复苏，鲜花争相绽放。宫殿里，沉香亭的牡丹盛开了。唐玄宗与杨贵妃在沉香亭观赏牡丹。乐师李龟年奏起了美妙的音乐，牡丹在乐声中随风摇摆，似乎应和着节奏翩翩起舞，更显得娇艳欲滴。

鲜花围绕，美人在侧，音乐绵绵，怎能没有诗歌助兴呢？其实，此时此刻便可以明了，君王只把李白当成一个写歌词的高手而已。

李濬在《松窗杂录》中记录过此事：“开元中，禁中初重木芍药，即今牡丹也。得四本红紫浅红通白者，上因移植于兴庆池东沉香亭前。会花方繁开，上乘月夜召太真妃以步辇从。诏特选梨园弟子中尤者，得乐十六色。李龟年以歌擅一时之名，手捧檀板，押众乐前欲歌之。上曰：‘赏名花，对妃子，焉用旧乐词为？’

“遂命龟年持金花笺宣赐翰林学士李白，进《清平调词》三章。白欣承诏旨，犹苦宿酲未解，因援笔赋之。……龟年遽以词进，上命梨园弟子约略调抚丝竹，遂促龟年以歌。太真妃持颇梨七宝杯，酌西凉州葡萄酒，笑领意甚厚。上因调玉笛以倚曲，每曲遍将换，则迟其声以媚之。太真饮罢，饰绣巾重拜上意。……上自是顾李翰林尤异于他学士。”

晚唐五代人也曾记录过此事，确定三首《清平调词》的确是李白在宫中宿醉未醒，执笔立就之作。侧面反映了太白金星敏捷的才思和风流的态度，还好事者将此事编成戏曲，在民间演绎，被传为佳话。

不管怎样，李白在醉眼蒙眬中奉诏进宫，目力所及，此情此景皆为诗，稍一沉吟，便在在金花笺上作了这三首诗。

其一

云想衣裳花想容，春风拂槛露华浓。

若非群玉山头见，会向瑶台月下逢。

其二

一枝秾艳露凝香，云雨巫山枉断肠。

借问汉宫谁得似，可怜飞燕倚新妆。

其三

名花倾国两相欢，长得君王带笑看。

解释春风无限恨，沉香亭北倚阑干。

沈德潜在《唐诗别裁》中点评过这几首诗歌的意境：“三章合花与人言之，风流旖旎，绝世丰神。”

《清平调·云想衣裳花想容》为其一。首句“云想衣裳花想容”中的“想”就是“像”的意思。“花”是牡丹花。

这句极赞杨贵妃之美。抬头仰望，天边飘过一朵彩云，形状美妙、颜色讨喜，让人联想起杨贵妃那美丽的衣裳。低头俯视，娇嫩的牡丹花容颜倾城，也让人联想起贵妃的美貌。

“云”与“衣裳”，“花”与“容”之间具有极大的相似性，用比喻的手法，盛赞衣裳像云彩一样轻盈，容颜像花儿一样美丽可人，极言杨贵妃身份之高贵，及其容颜之娇艳。美人容颜倾城，君王在侧笑意盈盈。

作诗时的李白，不知对自己的处境作何感想。他与那些戏子、伶人又有多少区别呢？还好，喝了酒；还好，酒没醒。

下一句“春风拂槛露华浓”，春风爱抚着栏杆，露珠挂在花瓣上，让花色更艳。

“春风”有双重意义，表面上写春日暖融，舒适宜人。其实，也暗示着皇恩浩荡如春风，笼罩着杨贵妃，表明她正处在春风得意之时，描述出当时杨贵妃独步后宫，专宠一身，令六宫粉黛无颜色的情况。

花瓣上的露水，颤巍巍、晶莹莹，透明可爱、娇弱无比，正是杨贵妃绝世容颜的写照。李白用比喻、夸张、拟人等修辞手法，写出了杨贵妃当时所处的巅峰地位。

在“若非群玉山头见”一句中，“群玉”是神话中的仙山。据成书于战国时期的《穆天子传》记载，周穆王巡游时，来到“群玉山”——当时是西王母住的地方。

诗句用西王母居所代指仙界，暗喻杨玉环美貌似天仙。天姿国色的杨贵妃，正如仙女下凡。曾经只有在“群玉山”才能见到的仙女，现在出现在凡夫俗子面前，这是何等荣幸。

仙女，在每个人的心中都有不同的剪影，“天仙一般的美貌”实非确指，表述朦胧，为读者留下审美想象的空间。

最后一句“会向瑶台月下逢”中的“瑶台”，也是西王母的居所，意思是只有去天仙的住所，才能遇到这样的美人，极言杨贵妃之美。

这两句连起来可以这么理解——要想“见”“逢”仙女，必须去仙界。“若非”“会向”有选择的意味，意思是“如果不是”或“不是……就是”，如此美妙的女子，不是在“群玉山”的白衣仙子，就是瑶台上月光笼罩下的高冷神女。

玉山、瑶台、清冷的月色，给人素雅、缥缈之感，仿佛美艳却高贵的白牡丹，又仿佛天女下凡，诗人简直把杨贵妃捧到了极致。

李白若着意去夸人，也是非同凡响的，被夸之人必心花怒放。似乎，唐玄宗与杨贵妃对所作诗歌都很满意。

《清平调词三首》是组诗作品，共三首七言乐府诗。

“其一”用牡丹花比拟杨贵妃的貌美。

“其二”从时间角度极力表现杨贵妃集所有宠爱于一身。第一句承接“其一”的“花想容”，再次用牡丹的大气端庄、香艳倾城比拟杨玉环的出色外貌。紧接着用了一个衬托，描述面对杨贵妃的美艳，甚至连巫山神女都自愧不如，进一步强调只有汉朝的赵飞燕转世，还要画上精妙无比的妆容才勉强可堪一比，手法上不断烘托，虚实相间。

“其三”承接前两首，此时，作者将牡丹、杨贵妃、唐玄宗等意象糅合为一。正面合写花与杨贵妃“两相欢”，不分彼此，一起“带笑看”玄宗，三者和谐无比，人美如花，歌颂浩荡皇宠。

正如李锳曾在《诗法易简录》中所云：“此首乃实赋其事而结归明皇也。只‘两相欢’三字，直写出美人绝代风神，并写得花亦栩栩欲活，所谓诗中有魂。第三句承次句，末句应首句，章法最佳。”

全诗构思巧妙，辞藻华丽。前两首主要写牡丹和贵妃，虚虚实实，这两个意象互相比拟、互相映衬，让读者无法分出伯仲，人花双咏，相得益彰。咏花，却暗喻贵妃；咏玉环，却与牡丹作比，既是合写，又是分写，二者交相辉映。

但是，头两首诗最终也未明言所咏对象，到底是“名花牡丹”，还是“倾国倾城貌”。直到第三首，引出倾国“名花”，侧重歌颂玄宗的统治和皇恩。

“名花倾国两相欢，长得君王带笑看。解释春风无限恨，沉香亭北倚阑干。”这四句主要意思是，眼前是娇艳欲滴的名花，香艳无比的美人，国土辽阔，边疆稳定，呈现一派繁荣昌盛的局面，君王喜笑颜开。

倚靠着沉香亭的雕梁栏杆，醉眼蒙眬，春意渐浓，任何闲愁琐事，在这良辰美景里都烟消云散，人间真美好。

这几句描摹出皇帝沉湎美色的画面，诗人却无褒贬，只陈述事实。在当时，这首诗得到了唐玄宗和杨贵妃的美赞；但后人评价，这首诗其实使用了讽今的春秋笔法。

全诗步步递进，不着痕迹却绮丽高调，入境传神，妙笔生花。虽与李白平时风格不符，但也从侧面说明诗人能驾驭不同题材、不同内容，显示了他奇高的天赋。

《清平调词三首》的艺术水平毋庸置疑，再次印证了李白的旷世奇才。

但，后人关注这几首诗，主要不在李白的才学和技艺，而是多去挖掘诗中包含的暗讽意味。

宋朝的小说家乐史曾在《太白遗事》中记载：“白既为此词，太真尝吟之。高力士终以脱靴为深耻，曰：‘始以妃子怨李白深入骨髓，何独拳拳如是耶？’妃惊曰：‘何翰林学士能辱人如是？’力士曰：‘以飞燕指妃子，贱之甚矣。’妃颇然之。上尝三欲命白官，卒为宫中所捍而止。”点出了诗中人物对此诗的不满之处。

元朝评论家萧士赟则认为，“云雨巫山”是明显的讽刺。萧士赟写文称：“《高唐赋》序谓神女常荐先王之枕席矣。”又曰：“襄王复梦遇焉。此云‘枉断肠’者，亦讥贵妃曾为寿王妃，使寿王未能忘情，是枉断肠矣。”

但是清朝的学者王琦不同意他们意见，认为神女、飞燕是唐代诗人常用的典故，在其他同时代诗人的作品中也屡见不鲜。况且李白刚受重用，被要求创作《清平调》，怎么可能傻到用宫闱八卦讽刺玄宗和杨贵妃，这不是自找没趣吗？

当李白被赐金放还后，的确对唐玄宗颇有微词，并把玄宗比作昏聩的楚怀王，但那都是后话了。

当时李白宿醉未醒，借着酒劲一气呵成写就了《清平调词三首》，“神女”“飞燕”等典故十分常见，且唐玄宗和杨贵妃的风流韵事人尽皆知，二者内心早有准备，看到李白提及此事，也许心中并未多想，即便略觉不满，也不好言明，毕竟谣言早就满天飞了。

但，根据范传正在《李公新墓碑序》中所云：“玄宗甚爱其才，或虑乘醉出入省中，不能不言温室树，恐掇后患，惜而逐之。”范传正认为后来李白被逐，似乎在写这首诗的时候就有端倪了。

开元盛世，已成过眼云烟。

刚入长安得翰林院的职位时，李白曾写了很多的诗歌赞颂朝廷，感谢君恩。在《金门答苏秀才》中，李白写道："巨海纳百川，麟阁多才贤。献书入金阙，酌醴奉琼筵。屡忝白云唱，恭闻黄竹篇。恩光照拙薄，云汉希腾迁。铭鼎倘云遂，扁舟方渺然。我留在金门，君去卧丹壑。"

在《侍从游宿温泉宫作》里，李白写道："严更千户肃，清乐九天闻。日出瞻佳气，葱葱绕圣君。"

然而，渐渐地，李白发现此时的唐玄宗早已不复当年，歌舞升平、声色犬马中，无数的奏折已经落满了尘埃。

于是，李白的诗歌内容又有了变化，他希望皇帝能做出改变，回到从前。渐渐地，有些诗暗讽的意味越来越明显。如《宫中行乐词》，写尽了天下百姓疾苦；如《阳春歌》，写出了诗人对昏聩君主的担忧。

一次，李白在吴越漫游时，来到当年吴王夫差与西施夜夜笙歌之处，怀古有感，遂写下了这首咏史诗《乌栖曲》。

姑苏台上乌栖时，吴王宫里醉西施。
吴歌楚舞欢未毕，青山欲衔半边日。
银箭金壶漏水多，起看秋月坠江波。
东方渐高奈乐何！

夫差耗费大量人力物力，用时三年筑成长达五里的姑苏台，与西施在此寻欢作乐。李白将宫殿背景设置为昏林暮鸦之状，营造出幽暗压抑的气氛，似有穷途末路之态，可联想到吴国的日渐没落。

《乌栖曲》表面上写吴王，实际上在讽刺唐玄宗。唐玄宗早期励精图治，使唐朝盛极一时；后期他荒淫无度、荒废朝政，与吴王夫差先发愤图强大败越国，后期沉湎女色颠覆国家比较相似。

本以为能大展宏图，纵横捭阖，没承想，却成了帝王妃子的助兴之物。

此处，并非李白梦想中的所在。

迷茫、忧愤不是李白的风格，沉迷豪饮，纵情当下，是他暂时的寄托。

旖旎春光里，危机重重。但，诗人仿佛被困住了，无法，无奈，无力。

未来，何去何从，不得而知。

寂寞独酌

花间一壶酒，独酌无相亲。
举杯邀明月，对影成三人。
月既不解饮，影徒随我身。
暂伴月将影，行乐须及春。
我歌月徘徊，我舞影零乱。
醒时同交欢，醉后各分散。
永结无情游，相期邈云汉。

——《月下独酌四首·其一》

曾经的梦想，失去了实现的可能。帝王日日沉浸在酒色中，早已不复当年。

似乎没到辞别的时刻，若辞别，归程在何处？

事到如今，李白心中充满了难以言说的苦涩，虽身居高位，却束手束脚，无施展空间。

尴尬的处境，微妙的身份，让李白短暂地迷失了自我。换作别人，也许就此沉沦颓靡下去了。

但李白毕竟不是普通人，一轮明月、一壶美酒，独自一人，也能成欢，也能纵情。

花间一壶酒，独酌无相亲。
举杯邀明月，对影成三人。
月既不解饮，影徒随我身。
暂伴月将影，行乐须及春。
我歌月徘徊，我舞影零乱。
醒时同交欢，醉后各分散。
永结无情游，相期邈云汉。

这首诗约作于唐玄宗天宝三载（744年），当时李白已入翰林院有一段时日，却并未过上自己一直期待的生活，在官场上左右不逢源，颇受小人奸佞所刁难，官场失意。

诗人孤独、苦闷，但向黑暗投降、无限沉沦不是他的作风。

李白坚持自己、追求自由、向往光明，于是写下了这首诗。

全诗甫一开始便说：“花间一壶酒，独酌无相亲。举杯邀明月，对影成三人。”

诗人提一壶美酒，行走在花丛中。颇有几分醉意，头脑依旧清醒，脚步却开始踉踉跄跄。举起酒壶饮罢，突然想起亲朋好友，若是他们在身边，怎会如此孤单？

明月那么明亮，照耀着前路，既然没有同行之人，那就举杯邀请月亮仙子跟我共饮一壶。月光下，那颀长的影子左摇右摆，也算上一位吧，这样一来，就有三位共小酌。

明月温柔地照耀着诗人，他深知月亮不能陪他对饮，但他只需要暂时的相伴，不喝酒没关系，在旁边陪着也好，要赶紧抓住当下及时行乐。

想着、说着、饮着，诗人望月起舞，影子也凌乱地随着他恣意舞蹈，真是别样的欢乐呀！

如此三番，诗人醉倒了，影子也倏地消失，月亮恢复了清冷，周围陷入寂静。

最后两句，诗人诚挚地邀约“月”“影”相聚未来，“永结无情游，相期邈云汉”。在梦里，诗人与月亮仙子结下了永久的友谊，相约去银河里畅游。

但“月”和“影”是幻想之物，实属无情之意象，能与无情之物结为好友，根源在于李白自己有情。

“永结无情游”破了“无情”的枷锁，“永结”和“游”是立，又破又立，便能在更美妙的地方相遇。

《月下独酌》组诗共四首，第一首最为著名，描写了通过饮酒排遣孤独寂寞的场景，渲染得无比热闹，笔墨传神，诗中的主人公是个非常想得开、拿得起放得下的人。

全诗的意象不过是一壶酒、一丛花、一轮明月，主角始终只是李白自己。全诗开头欲扬先抑，介绍想要饮酒却“无相亲”的环境，氛围尴尬、伤感，但这哪里难得倒李白，他马上突发奇想，把无情之物幻化成饮酒对象，凄清的场面顿时热烈起来。

但热闹之后，一切终归走回寂静。诗人已经入梦了，孤独与否不再重要。

全诗洋溢着“行乐须及春”的主题，即便身边没有一个亲朋好友，他也能与月亮相随，结无情之游，相会于天上仙境。

整首诗从“独而不独”到“不独而独”，再到“独而不独”，发展过程很明确。表面上看，这首诗很乐呵，诗人真想得开，真会玩，其实却暴露了李白内心无尽的凄凉和难以言说的委屈。

丰富跳脱的想象力，是本诗的一大特色。一开始是孤独，而后却完全不孤独，最后回归独立，孤而不哀，用热闹和欢乐打破孤绝之感。

全诗通过独白，自立自破、自破自立，信手拈来，有如天籁，妙之又妙。唯有李白才能如此旷达宽厚、放浪形骸、放荡不羁。

评论家钟惺和谭元春曾在《唐诗归》中形容此诗为“奇想”“旷想”“放言只中无人”。在《唐诗别裁》一书中，评论家沈德潜认为这首诗，“脱口而出，纯乎天籁，此种诗人不易学”。

其实，李白的诗也并非首首都如此奇巧、灵动、放达，他也曾写过比较哀伤的诗歌，例如《春日醉起言志》。

处世若大梦，胡为劳其生？
所以终日醉，颓然卧前楹。
觉来眄庭前，一鸟花间鸣。
借问此何时？春风语流莺。
感之欲叹息，对酒还自倾。
浩歌待明月，曲尽已忘情。

这首诗的风格颇似《月下独酌四首·其一》，却流露出更加难以排解的孤独感。

“一鸟”“自倾”“待明月”等内容，直白地表达了难耐的寂寞，邀来了明月也无法宽慰内心，漫长的岁月中，诗人觉得自己注定孤身。

这首诗还可应用分析现代文的方法来赏析。

写议论文重在说理，议论文有种模式：先阐明一个错误的道理，通过驳斥建立新的理论，第三步再驳再建，最终得到真正论点。

本诗重在抒情，自始至终只涉及作者一人，采用了独白的形式，自立自破、自破自立，起到了波澜壮阔、跌宕起伏的效果，不知不觉将读者引入诗人营造的情境，接受了诗人传递的观点。

清朝评论家高宗敕在《唐宋诗醇》一书中评论此诗："千古奇趣，从眼前得之。尔时情景，虽复潦倒，终不胜其旷达。"在《唐诗三百首》中，蘅塘退士云："题本独酌，诗偏幻出三人，月影伴说，反复推勘，愈形其独。"这些点评重在夸赞本诗十分富于变化。

在《月下独酌四首·其二》中，李白有云：

天若不爱酒，酒星不在天。
地若不爱酒，地应无酒泉。
天地既爱酒，爱酒不愧天。
已闻清比圣，复道浊如贤。
贤圣既已饮，何必求神仙。
三杯通大道，一斗合自然。
但得酒中趣，勿为醒者传。

针对第二首诗的评论较第一首多，有人称此诗为“爱酒辩”，即李白为好饮酒所做的一套说辞。

开头，便从“爱酒”谈起，“天若不爱酒，酒星不在天。地若不爱酒，地应无酒泉”。诗人以天上酒星、地上酒泉为证，说明天地也爱酒，于是引出“天地既爱酒，爱酒不愧天”的结论。

“已闻清比圣，复道浊如贤。贤圣既已饮，何必求神仙。”

圣贤中也有很多爱饮酒的人，那寻常人等有此爱好岂不是很正常？李白极力为散尽千金日日饮酒寻找最好的借口。

既然圣贤、神仙同样需要饮酒作乐，通过饮酒到达极乐世界，那做不做神仙又有什么区别呢？饮酒便能体会到跟神仙一样的感觉，喝酒才是人生必做之事！

“三杯通大道，一斗合自然。但得酒中趣，勿为醒者传。”

饮酒能抵达很高的境界，能“通于大道”，也能“合乎自然”。饮酒这一行为，本身可为人生带来极大的乐趣，无法对外行人描述其中之妙。

此篇，可理解为诗人任性创作的小“谬论”，以不甚合逻辑的说理方式抒情、议论，侧面衬托出诗人旷达、放浪的性格。

李白之爱酒，源于政治抱负无法实现的无奈，事业受挫，只能寻找“酒中趣”了。至少还有酒陪伴，称得上李白仅剩的“小确幸”了。

紧接着，李白在《月下独酌四首·其三》中云：

三月咸阳城，千花昼如锦。
谁能春独愁，对此径须饮。
穷通与修短，造化夙所禀。
一樽齐死生，万事固难审。
醉后失天地，兀然就孤枕。
不知有吾身，此乐最为甚。

第三首开篇：“三月咸阳城，千花昼如锦。谁能春独愁，对此径须饮。”

这几句，采用了对比的手法，赞扬了阳春三月的明媚春光，但诗人内心愁苦，连绽放的鲜花都无法取悦他。既然如此，只能继续喝酒了，李白希望通过饮酒解忧。

“穷通与修短，造化夙所禀。一樽齐死生，万事固难审。”哲学、艺术和审美活动，也是很多人寻求精神解脱的良方。

诗人几番思索，认为饮酒“此乐最为甚”，只有饮酒能真正超脱凡俗。诗中，极言旷达乐观之语，但“谁能春独愁”却暴露了诗人内心极端的失意。

保持乐观，及时行乐，都是不得已而为之。如果人生顺风顺水，还需要说什么自我鼓励的话呢？现在，唯有强行自我安慰，方能缓解一时的哀伤。

没想到，酒醒后痛苦却加重了：“醉后失天地，兀然就孤枕。不知有吾身，此乐最为甚。”

痛苦到已无法感知外界，从现代医学角度讲，那时的李白已有抑郁的症状了。

说来说去，诗中都是苦闷，“乐”字是反衬的手法，以“乐”写“哀”，则“哀”更甚。

用欢快表怨愤，用达观发牢骚，用喜乐写愁苦，是此诗一大特色。

《月下独酌四首·其四》中，李白有云：

穷愁千万端，美酒三百杯。
愁多酒虽少，酒倾愁不来。
所以知酒圣，酒酣心自开。
辞粟卧首阳，屡空饥颜回。
当代不乐饮，虚名安用哉。

蟹螯即金液，糟丘是蓬莱。

且须饮美酒，乘月醉高台。

“穷愁千万端，美酒三百杯。愁多酒虽少，酒倾愁不来。”

开头几句的中心在这个“愁”字，饮酒也掩盖不住内心的痛苦，但诗人还是借酒浇愁，企图用更多的酒精去麻醉哀愁。

诗人甚至自欺欺人道：“所以知酒圣，酒酣心自开。”

他认为只要喝高了就开心，这样的人才是酒圣，要以此为目标，早登极乐。

“辞粟卧首阳，屡空饥颜回。当代不乐饮，虚名安用哉。”

这几句用了典故，刻意对伯夷、叔齐和颜回等圣贤进行贬低，认为他们徒有虚名。但有虚名又能如何，不如饮酒来得实在和痛快！以否定间接表达对饮酒作乐的肯定。

“蟹螯即金液，糟丘是蓬莱。”

随后，诗人将在天上做神仙与饮酒作乐相对比，得出了喝酒赛过活神仙的结论。

此处，诗人借用蟹螯、糟丘的典故，并非赞同颓唐邋遢、醉酒沉沦的生活，而是倡导饮在当下，及时行乐。

最后“且须饮美酒，乘月醉高台”。

细细品读，在及时行乐的观点中，能体会到李白对才华无处施展的苦闷。

虽日日醉酒，但不愧为“酒仙”，李白从未出过洋相，也并未留下市井酒徒的印象。

反因屡次有酒助兴，李白诗兴大发，在多篇作品中将饮酒描述成一件风雅之事。市侩之辈，市井之徒，狂浪饮酒，醉后丑态百出。但，文人骚客饮酒，浅唱低吟，起舞弄清影，留有千行诗，留下千古美名。

那个时代，那样的盛唐，没有不嗜酒之人。

繁花似锦中，淡淡地飘着一丝酒香。朗朗晴日里，离不开纵横的酒气，缺不了恣肆的快意。

李白的毕生挚友杜甫曾作诗《饮中八仙歌》，详尽地描述这种“酒文化”。

知章骑马似乘船，眼花落井水底眠。

汝阳三斗始朝天，道逢麴车口流涎，恨不移封向酒泉。

左相日兴费万钱，饮如长鲸吸百川，衔杯乐圣称世贤。

宗之潇洒美少年，举觞白眼望青天，皎如玉树临风前。

苏晋长斋绣佛前，醉中往往爱逃禅。

李白一斗诗百篇，长安市上酒家眠。

天子呼来不上船，自称臣是酒中仙。

张旭三杯草圣传，脱帽露顶王公前，挥毫落纸如云烟。

焦遂五斗方卓然，高谈雄辩惊四筵。

贺知章、苏晋等人都是文坛名流，有一些闻名遐迩的酒后言行，由此可见，当时的人十分崇尚酒文化。李白酒后挥毫泼墨、创作佳篇名句的形象，更是深入人心。

年华似水，千帆过尽，透过琉璃夜光杯，朝代更迭，风云变化，都飘着缕缕酒香。

李白的愁苦，被美酒浸泡后，少了一丝晦暗，多了几分轻松、快意。

拔剑四顾

金樽清酒斗十千，玉盘珍羞直万钱。

停杯投箸不能食，拔剑四顾心茫然。

欲渡黄河冰塞川，将登太行雪满山。

闲来垂钓碧溪上，忽复乘舟梦日边。

行路难！行路难！多歧路，今安在？

长风破浪会有时，直挂云帆济沧海。

——《行路难·其一》

李白毕生所期许的，似乎不多。

没有亲朋好友，一人、一壶酒、一轮月，就能潇洒醉卧。

没有金山银山，山林景色、落英缤纷、求仙问道，也能笑看人生。

但支撑这种乐观的，是对自己政治抱负必将实现的自信，还有骨子里的旷达开朗、纯然达观。

从深层来看，李白所追求的，非凡夫俗子能想象，实现起来绝非易事。

现在，李白已经在翰林院停留了一段时间，但他却越来越失望。他孜孜以求的，是居庙堂之高，用毕生所学运筹帷幄、治国平天下。若非对此的执念，也许他的人生会更轻松恣意，更放浪不羁，更风流倜傥。

但，没有人是完美无缺的，也没有谁的人生是毫无缺憾的。纵然是李白，也不能免俗。

李白可以风流潇洒，可以才倾朝野，可以仰天大笑。但他的骄傲，他的清高，他的自负，日渐碍了一些人的眼。最关键的是，诗人自始至终没发觉自身言行的不妥之处。

想要成为朝廷重臣、成为宰相，谈何容易。纵观历朝历代的朝廷贵胄，无不是老谋深算、纵横捭阖者。细究起来，李白除了文学艺术方面所展现出来的天赋，关于政治才能，并未有相关佐证。

唐玄宗虽已年老昏聩，沉迷酒色，但他毕竟是帝王，懂得识人用人，他将李白放在翰林待诏，仅命其舞文弄墨，做些粉饰太平之事。

对这种有些人求之不得的闲差，李白却无法接受。天长日久，诗人对自身处境更加绝望。

打从心底里，他不满意，他愤怒，他沮丧。不过，谁又能懂他，能耐心倾听他的愁怨呢？在《古风》组诗的部分诗句中，李白流露出这种怨怼的情绪。

登高望四海，天地何漫漫！
霜被群物秋，风飘大荒寒。
荣华东流水，万事皆波澜。
白日掩徂辉，浮云无定端。
梧桐巢燕雀，枳棘栖鸳鸾。
且复归去来，剑歌行路难。

诗中提及多个阴暗、沉重的意象，如肃杀的寒风、晦暗的“浮云”、怪异的“燕雀”和“鸳鸾”，充满郁结之意。

在这种氛围里，诗人试图通过登高摆脱情绪上的困扰。没想到，登高后，天沉地暗，画面更加压抑。

面对“流水”所起的“波澜”，诗人放声高歌“行路难”以及“剑歌”，试图冲破悲苦，表现出诗人的浪漫主义豪情。

清朝评论家沈德潜认为：“太白诗纵横驰骤，独《古风》二卷不矜才，不使气，原本阮公，风格俊上……”这个阶段的诗作，已不见李白早年作品中的豪情和昂扬，但在顿挫沉郁中，依然荡漾着奔放，依然蒸腾着爽朗。

也许，李白离开长安的根本原因，就藏在这首《古风》里。

有后人分析李白离开的原因，认为无外乎来自小人的排挤；有人说，是李白的骄傲，驱使他最终要摆脱这种“供人消遣”的身份；有人说，后宫奸佞的谗言蛊惑令李白与唐太宗失和；有人说，李白毫不掩饰地去抨击杨贵妃，蔑视高力士，讽谏唐太宗的昏聩骄奢，令唐玄宗最终冷淡了他。

傲骨铮铮如李白，不堪忍受长期在翰林院做侍驾的小丑，无法做到曲意逢迎，每天在皇宫如履薄冰地生活，忍受着猜忌、抵挡着暗箭。

毫无疑问，李白的失望是彻骨的。时间久了，他打心底感到倦了。更关键的是，皇帝也不像最初那般亲近他。如此处境，李白又怎能等着别人下逐客令呢？

抱着“宁为玉碎不为瓦全”的心态，李白终于上书玄宗请辞回乡。唐玄宗表示理解，没有刻意挽留，第一时间就准予放行，赐给他很多金银，史书称此事为“赐金放还”。

不得不说，如此这般，维护了一个读书人最后的体面和尊严。在后代人的演绎中，“赐金放还”被赋予了浪漫主义文学色彩，并杜撰出许多关于草根出身的诗人和当朝皇帝相处的细节，以飨读者。

失落、遗憾，但李白离开时的姿态，十分潇洒、飘逸、体面。“赐金放还”后，李白在民间的地位更高，影响力也更大了。

毕竟，大唐盛世，能写诗、写好诗的人多如牛毛，但曾被帝王如此对待的，屈指可数。

离开长安前，朋友们为李白饯行。此番折腾，令李白深感仕途之艰辛，于是写下了《行路难·其一》。

金樽清酒斗十千，玉盘珍羞直万钱。
停杯投箸不能食，拔剑四顾心茫然。
欲渡黄河冰塞川，将登太行雪满山。
闲来垂钓碧溪上，忽复乘舟梦日边。
行路难！行路难！多歧路，今安在？
长风破浪会有时，直挂云帆济沧海。

“金樽清酒斗十千，玉盘珍羞直万钱。停杯投箸不能食，拔剑四顾心茫然。”

全诗前四句，描述出朋友为李白饯行的场景。“金樽清酒”“玉盘珍羞”等意象，暗示了宴会的格调之高、吃食之精致、环境之优雅，令观者为之赞叹。

但“嗜酒如命”的李白，却没有连饮“三百杯”诗人内心十分纠结、烦闷，索性搁置酒杯，放下筷子，离开席位，走到墙边拔下宝剑，举目四望，内心茫然失措。

“停”“投”“拔”“顾”四个连续的动词，表现了诗人苦闷的内心，与开头两句中金碧辉煌的环境和喧嚣热闹的宴会形成了对比，为读者带来视觉冲击。

“欲渡黄河冰塞川，将登太行雪满山。闲来垂钓碧溪上，忽复乘舟梦日边。”

后面几句诗，紧密承接“心茫然”，具体解释了为何“行路难”。“冰塞川”“雪满山”，用来比喻诗人人生道路上的艰难险阻，属于比兴的手法。

从小胸怀天下，以报效朝廷为己任的李白，屡屡受挫后，有朝一日终伴君侧，却并未成为肱股之臣，而是成了花前月下的“消遣”，只好壮士断腕般自行离开。这种经历和感觉，正仿佛“冰塞川”“雪满山”。

然而，李白从来不是轻易服输之人，“拔剑四顾”便是他不甘于消沉颓废，寻求解脱和重觅希望的行为表现。

“闲来垂钓碧溪上，忽复乘舟梦日边。”这句诗，李白用典提到了两位古人。

在茫然不知所措的心境里，诗人忽然茅塞顿开，恍然神游回溯于千载之前，遇到两位与自己有类似遭遇的古人。

起初，这二人在仕途上也十分坎坷，他们同样经历了从地位低微到被君主重用的过程，最后老有所成，宏图大展。

其一是吕尚，90岁高龄在磻溪钓鱼，得遇重才的文王，后功成名就。

其二是伊尹，他乘舟梦日，后受商汤重用，伴君左右。

想起这二人的经历，诗人仿佛被注入一剂强心剂。这几句诗，表现了诗人内心的起伏和纠结，情绪不断在失望和希望、抑郁与旷达之间急遽变化。

“行路难！行路难！多歧路，今安在？”

这四个短句，节奏快，情绪跳跃，可看作诗人处于焦虑不安状态下的内心独白和大声疾呼，说明诗人内心极其矛盾挣扎，情绪回旋往复。此时的李白不甘心彻底退出，却不得不离开，未来何去何从呢？

将自己比拟吕尚、伊尹，能增加诗人对未来的信心，但当思绪回到现实，又觉得与他们的处境有天壤之别。

李白再次失落了，仿佛巨石压胸，异常苦闷。前路崎岖，歧途甚多，何处能安身呢？

“长风破浪会有时，直挂云帆济沧海。”结尾两句，摆脱了纠结，打开了境界，调子高昂乐观。李白的乐观主义精神和浪漫主义思想最终取胜，打败了脑海中的负面声音，令他突出重围，摆脱彷徨在歧路的苦闷，并唱出了充满信心与勇气的高音。

尽管前路漫漫，崎岖坎坷，但李白始终相信，终有一日会像南朝宋的宗悫所说，“乘长风破万里浪”，扬起征帆向着碧海蓝天进发，最终到达理想的彼岸。

这首诗一共十四句，八十二个字，在七言歌行中，只能算个短篇。但全诗情绪跳跃激荡，麻雀虽小五脏俱全，具备长篇的气势格局，回旋往复、委婉曲折地揭示了诗人激越的感情变化。

同时，这种变化也侧面反映了当时的社会环境，一改开元盛世那种明澈和向上，氛围黑暗污浊、异怪横行。这也难怪诗人的政治宏愿无法实现，现实就是最大的阻碍！这也难怪诗人会愤恨不平了。

面临着难堪的处境，承受着精神上的压力，诗人仍保持倔强，流露出自信和乐观，更能体现李白强大的精神力量，以及无限的人格魅力。

“行路难”本是乐府古题，通常用来咏叹世道艰辛、处境艰难。李白的《行路难》，重点在表达怀才不遇，但失意中，又始终怀有希望，这就是李白的与众不同之处。

有人说，才华横溢来源于彻骨的痛苦。

当一个人的生活步入平庸，过上一眼看得到头的日子，内心将不再有波澜，才华必将泯于众人。

人生是一座舞台，人人都是演员，每天上演着没有剧本、未经彩排的戏。

李白再次开始了漂泊的生活，若说以前的漂泊是为了出仕，现在的漂泊则仅仅是被赐金放还后的无奈选择。

月有阴晴圆缺，人有悲欢离合，世事难料，措手不及，这才是真实的人生。

多年后，苏轼写下了这样的词句：“莫听穿林打叶声，何妨吟啸且徐行。竹杖芒鞋轻胜马，谁怕？一蓑烟雨任平生。”

当年的李白，若能听到苏轼的吟唱，是否会略感安慰，心怀共鸣呢？

实现政治抱负的希望已经破灭，但李白的精气神源自本心，源于旷达乐观的性格。

能温暖自己的，只有自己；能鼓舞自己的，也唯有自己。

离开长安后，内心难过，李白决定到处走走，散散心。

他来到商山，准备拜谒“商山四皓”。商山又名地肺山，在今陕西商县东南。

“商山四皓”，即秦末曾隐居于商山的四位隐士，皇甫谧在《高士传》卷中曾云：“四皓者，皆河内轵人也，或在汲。一曰东园公，二曰甪里先生，三曰绮里季，四曰夏黄公，皆修道洁己，非义不动。”

“商山四皓”栖身洞穴，采食灵芝，生活清苦却怡然自得。他们集体创作了著名歌赋《采芝操》，流传于后世。

时至今日，在商镇龙驹一带，一到春节，在部分民俗活动中，如扮“故事”“社火”时，仍保留着歌唱四皓的“四魔女”（四皓的四个女儿）的相关灯舞。

据记载，“商山四皓”曾辅佐汉高祖刘邦的儿子汉惠帝，出山时须发皆白，故而被称为“商山四皓”，功成名就后再次隐居山林。

李白非常羡慕四人退隐山林时的自如、潇洒，欣赏四人功成名就后，放下一切返归故里的胸怀。有感于此，面对四位高士的衣冠冢，李白写下了《商山四皓》借以咏怀。

白发四老人，昂藏南山侧。偃卧松雪间，冥翳不可识。
云窗拂青霭，石壁横翠色。龙虎方战争，于焉自休息。
秦人失金镜，汉祖升紫极。阴虹浊太阳，前星遂沦匿。
一行佐明圣，倏起生羽翼。功成身不居，舒卷在胸臆。
窅冥合元化，茫昧信难测。飞声塞天衢，万古仰遗则。

荒野中，诗人瞻仰着庄严、肃穆的高士墓。山林围绕，层峦叠嶂，景色宜人，明月松间照，清泉石上流。黛色的雾霭流云拂着窗棂，深不见底的悬崖峭壁上爬满了苍翠的绿色。

这里没有歌舞升平，没有钩心斗角，没有推杯换盏，只有远离喧嚣的寂静。

此时，四位白发苍苍的老者似乎一跃而出，时而像孩童般玩耍，时而高谈阔论，时而举棋对弈，时而静卧不语。任凭天下龙争虎斗，他们忘情忘忧、怡然自得。他们到底是人，还是神呢？

曾经，四位老人出山辅佐刘盈定江山，却功成不居、豁达大度退隐山林，李白深深地羡慕这种姿态，羡慕这份洒脱。

诗人觉得，如此浊世间，能达到“商山四皓”的境界，再功成身退，是自己追求却无缘抵达的出仕态度和人生境界。

能居庙堂之高，亦能处江湖之远。妙哉，幸哉！

看到“商山四皓”，李白如梦似幻。神游时，诗人将自身经历与四人的故事杂糅在一起，彼此不分，在这个过程中，他与四位高人共情，并终于体会到了“圆满”。

怨怼、无奈、失落等消极情绪，也在共情的过程中消失殆尽。

暂时，李白熨平了内心的褶皱，放下了前尘往事。

第五章 流放漂泊

曾无限接近梦想，却最终没有实现。有时，抵达目的地，不是欣喜，只剩无聊，甚至失落。叔本华说：『人生如钟摆，不断在痛苦与倦怠之间徘徊』。但李白似乎天然不会痛苦，或者说，他总有办法解放自己，这个方法便是他与生俱来的乐观、浪漫和自信。

永不折腰

海客谈瀛洲，烟涛微茫信难求；
越人语天姥，云霞明灭或可睹。
天姥连天向天横，势拔五岳掩赤城。
天台四万八千丈，对此欲倒东南倾。
我欲因之梦吴越，一夜飞度镜湖月。
湖月照我影，送我至剡溪。
谢公宿处今尚在，渌水荡漾清猿啼。
脚著谢公屐，身登青云梯。
半壁见海日，空中闻天鸡。
千岩万转路不定，迷花倚石忽已暝。
熊咆龙吟殷岩泉，栗深林兮惊层巅。
云青青兮欲雨，水澹澹兮生烟。
列缺霹雳，丘峦崩摧。
洞天石扉，訇然中开。

青冥浩荡不见底，日月照耀金银台。

霓为衣兮风为马，云之君兮纷纷而来下。

虎鼓瑟兮鸾回车，仙之人兮列如麻。

忽魂悸以魄动，恍惊起而长嗟。

惟觉时之枕席，失向来之烟霞。

世间行乐亦如此，古来万事东流水。

别君去兮何时还？且放白鹿青崖间。须行即骑访名山。

安能摧眉折腰事权贵，使我不得开心颜！

——《梦游天姥吟留别》

回归曾经的平淡，那么熟悉，那么真实。

要说遗憾，肯定有。若论后悔，倒没那么严重。

所谓“梦想之地”，对绝大多数人来说，不过是一座围城，李白也概莫能外。

围城外的人，孜孜以求，夜不能寐；围城内的人，庸庸碌碌，身不由己。

但，来过，总归是好的。体验了，便能放弃执着，能学着不在乎，慢慢就真的放下了。

离开长安后，李白由布衣而卿相的理想完全破灭。

生活无趣，李白整日到处游览、访学、交友、饮酒。

第一站是洛阳，李白与杜甫相聚并同游梁、宋故地，恰逢诗人高适赶来相会，三人一同前往山东游览。

到兖州不久，杜甫西入长安，李白则打算启程南游吴越，首站便是会稽（今绍兴）。与朋友临别前，李白写下了这首描绘梦中游历天姥山的诗，留给东鲁的朋友们。

天姥山，在浙江嵊县新昌县内，据传说，有幸运的登山人曾听到名冠宇宙的仙人天姥的歌声，因此得名。天姥山在诸多史料中号称“奇绝”。

该诗题为《梦游天姥山别东鲁诸公》，亦称《别东鲁诸公》，又作《梦游天姥吟留别》。

海客谈瀛洲，烟涛微茫信难求；
越人语天姥，云霞明灭或可睹。
天姥连天向天横，势拔五岳掩赤城。
天台四万八千丈，对此欲倒东南倾。
我欲因之梦吴越，一夜飞度镜湖月。
湖月照我影，送我至剡溪。
谢公宿处今尚在，渌水荡漾清猿啼。
脚著谢公屐，身登青云梯。
半壁见海日，空中闻天鸡。
千岩万转路不定，迷花倚石忽已暝。
熊咆龙吟殷岩泉，栗深林兮惊层巅。

云青青兮欲雨，水澹澹兮生烟。
列缺霹雳，丘峦崩摧。
洞天石扉，訇然中开。
青冥浩荡不见底，日月照耀金银台。
霓为衣兮风为马，云之君兮纷纷而来下。
虎鼓瑟兮鸾回车，仙之人兮列如麻。
忽魂悸以魄动，恍惊起而长嗟。
惟觉时之枕席，失向来之烟霞。
世间行乐亦如此，古来万事东流水。
别君去兮何时还？且放白鹿青崖间。须行即骑访名山。
安能摧眉折腰事权贵，使我不得开心颜！

题目中的“吟”字，代表着古诗的一种体式，多表达悲愁慨叹，形式上自由活泼，不拘一格。“梦游天姥吟留别”之意为把梦中游历天姥山的情形写成诗，作别好友。

“海客谈瀛洲，烟涛微茫信难求；越人语天姥，云霞明灭或可睹。”

全诗开篇头几句直接点明入梦缘由。从海上漂泊归来的人，都会谈起一个叫“瀛洲”的地方，传说那里景色绝伦，妙不可言，可遇而不可求。

“瀛洲”与陆地隔着茫茫大海，难以寻觅。以前的越国人曾谈起过天姥山，天姥山隐藏在云雾霞光中，时隐时现，或许有机会目睹。

“瀛洲”是一座神山，据我国古代文献记载，东海上有三座神山，一座叫蓬莱，一座叫方丈，一座便是瀛洲。

“越”指的是现在浙江绍兴一带。“信”是“实在”的意思，表达了一种强调的语气。

诗篇开头提到的“瀛洲”，似更神秘，难以寻得，但描述“瀛洲”的目的在于衬托天姥山，为全诗营造神秘的氛围，接着才转入正题，描述天姥山的魅力。

“天姥连天向天横，势拔五岳掩赤城。天台四万八千丈，对此欲倒东南倾。”

这几句诗，极言天姥山之高大。

高耸入云的那座就是天姥山，远远望去仿佛与天相连，甚至突破天际，抵达天外飞升渡劫之地。

在李白看来，天姥山山势高峻，远超所谓的“五岳”名山，甚至能将很高的赤城山遮盖。“五岳”指我国五座名山：泰山、华山、衡山、嵩山、恒山。

其实，跟“五岳”比，天姥山有点小巫见大巫的感觉。但诗人却夸其为“势拔五岳掩赤城”，意思是天姥山比五岳挺拔，意在凸显天姥山。

“赤城”也是山名，位于现在的浙江天台北。赤城山上，赤石罗列、嶙峋遍布，远看仿佛红色建筑鳞次栉比，因此人们将此山命名为“赤城”。

紧接着，李白又换了一个角度描写天姥山之高。

还有一座名山叫天台山，传说高达四万八千丈，但面对着天姥山，却仿佛向东南倾斜俯首拜倒一样。天台山虽高，但在天姥山面前，也矮小得不值一提，其中“四万八千丈”为虚写，采用了夸张的手法。

甫一开篇，诗人便层层用比较和衬托，把天姥山高耸的模样刻画得淋漓尽致，仿佛神秘挺拔、在云雾霞光里若隐若现的天姥山就在眼前，引起读者联想，使读者不知不觉身临其境，跟着诗人的笔触一步步地向那梦幻境界飞去。

从“我欲因之梦吴越”一句始，诗人正式进入了梦境，直到“失向来之烟霞”，描绘的都是梦境，为全诗主要部分。

“我欲因之梦吴越，一夜飞度镜湖月。湖月照我影，送我至剡溪。”

月色笼罩，湖光粼粼。诗人长出了一双翅膀，一夜之间便飞过明月映照的镜湖。月光下，他的影子仿佛大鸟略过湖面，月光一直笼罩着他，直到他飞抵剡溪。

“谢公宿处今尚在，渌水荡漾清猿啼。”

“谢公”是南朝大诗人谢灵运，喜欢畅游山水，并以写山水诗著称。

谢灵运曾遍游浙江名山大川并留下诸多诗歌作品。在登天姥山时，谢灵运住在剡溪，留下名句“暝投剡中宿，明登天姥岑”。

李白很欣赏谢灵运，他发现谢灵运以前住过的地方现在还在，周围有清澈荡漾的湖水，有飞跃清啼的猿猴，景色幽静怡人。

“脚著谢公屐，身登青云梯。半壁见海日，空中闻天鸡。”这四句中的“谢公屐”是指谢灵运自制的一种登山木鞋，鞋底有木齿。上山时去掉前齿，下山时去掉后齿，登山能省时省力，身手敏捷，直上云霄。

正如《南史·谢灵运传》所记载的，谢灵运“寻山陟岭，必造幽峻，岩嶂数十重，莫不备尽登蹑。常着木屐，上山则去其前齿，下山则去其后齿”。

李白想象着自己穿上了谢灵运制作的木屐，在天姥山的上山青石台阶上一步步攀爬。刚爬到半山腰，一道光亮晒到脸上，原来是一轮红日从东海面上一跃而出。这时，天鸡醒了，边鸣叫边起舞。

据史料记载，“天鸡”是一种神鸡，住在东海桃都山顶的一棵大树上。天鸡一叫，一呼百应，全天下的鸡都一齐鸣叫。

“千岩万转路不定，迷花倚石忽已暝。熊咆龙吟殷岩泉，栗深林兮惊层巅。云青青兮欲雨，水澹澹兮生烟。”

山石小路，盘旋往复、百转千回、弯曲陡峭，随着山势的提升，方向似乎也不再能辨认得清楚。

一路走来，景色千变万化，梦境不断深入，奇幻色彩更加浓郁。这里似真亦幻、迷离恍惚、光怪陆离，应该就是传说中的神仙世界。

周围的花色不同于凡间，色彩艳丽、形状各异、争奇斗艳、竞显奇葩，诗人一朵朵看过去，每一朵都那么美艳，令他流连忘返。

天色渐晚，李白有些疲倦了，斜倚着石头观赏山间美景。

突然之间，日头坠入海面。阴风阵阵，熊在怒吼，龙在吟啸，岩石罅隙里的泉水叮当震响，在这黑暗寂静中，如雷贯耳。白日里柔和的森林开始在阴风中战栗，整个山峦似乎也陷入了惊恐。

云层压得又黑又低，有泰山压顶之感，山雨欲来风满楼。山泉涌出，水塘里的水波不再静谧，开始汹涌澎湃，水汽朦胧，夜色愈发浓郁。

这里，作者采用楚辞的句法，节奏变化多端，引得读者身临其境，陷入浪漫主义的旋涡。

“列缺霹雳，丘峦崩摧。洞天石扉，訇然中开。青冥浩荡不见底，日月照耀金银台。霓为衣兮风为马，云之君兮纷纷而来下。”

转眼之间，电光闪闪，雷声轰鸣，山峰仿佛在天公的发威中也要崩坏、坍裂了。

突然，仙府的石门“轰”的一声隆隆炸开。透过彩色浓雾，诗人一阵恍然，浩荡幽冥的洞穴徐徐现身，洞底深不可测。

李白不由自主地抬脚向洞穴纵深走去，弯弯绕绕、别有洞天。在仙洞的尽头，日月般明亮的宝物高悬，放出耀眼光芒，照耀着金银砌成的宫阙。

“列缺霹雳，丘峦崩摧。洞天石扉，訇然中开。”四个四言短句连用，与上下文句式形成参差错落之感，节奏整齐，铿锵有力，如此手法充分表现了开天门的雄伟声势。“列缺”即闪电。

在天门打开前，李白极力铺陈天色的晦暗、气氛的沉重、环境的压抑。但伴随着惊天动地的霹雳和五光十色的闪电，天门开了，景色发生了天翻地覆的变化。

眼前皆是光辉灿烂，明亮壮观。仿佛前面的恐怖景象，均是成仙得道之路所必经的磨难和挫折，正好像李白坎坷求仕的一生。但诗人又坚信，无论多么艰难，他终能守得云开见月明。

天门开启的前后场景描写，采用了对比和烘托的手法。在诗歌内涵走势上，给人先抑后扬、跌宕往复之感，为仙人的正式出场埋足了伏笔。

这时，仙乐响起，神仙们身着彩虹织就的衣服，御风而行，飘然而至。他们美丽的衣衫，迎着风猎猎作响。

“虎鼓瑟兮鸾回车，仙之人兮列如麻。”

猛兽珍禽组成的乐队突然出现，老虎弹奏着五光十色的宝石琴，鸾鸟拉着似真亦幻的仙车。

梦境到这里，已然是最高潮。若论想象的奇绝与玄幻，当下那些玄幻小说写手都应该将李白奉为祖师爷。李白那天马行空的想象力，无拘无束地呈现在了读者面前。

“忽魂悸以魄动，恍惊起而长嗟。惟觉时之枕席，失向来之烟霞。”

恍然间，梦醒时分到了。仙境转瞬即逝，梦境倏地破灭。诗人终于在惊悸中返回现实，却心惊难耐，头痛欲裂。

抬眼四顾：简陋的茅屋、一身布衣、粗糙的枕席。刚才的随心所欲皆是泡影，不论多么美妙，不过黄粱一梦。

闭上眼睛又猛然睁开，五光十色的仙境不见影踪，只有一片漆黑和寂寥。

“世间行乐亦如此，古来万事东流水。别君去兮何时还？且放白鹿青崖间。须行即骑访名山。安能摧眉折腰事权贵，使我不得开心颜！”

诗人感慨丛生，唯留一声叹息。人世间的欢乐都似过眼云烟，荣华富贵不过日夜东流的河水，一去不复返。与君惜别，何时再见？也许来生都不能再相逢。

“古来万事东流水”，诗人的感叹如此深沉，不禁令读者回想起李白怅然失意的人生。诗在梦境的最高点戛然而止，急转直下，由美丽的幻想转向冰冷艰涩的现实，仿若音乐正逐步迈入高潮，琴弦却在此时突然崩断。听者也从高峰体验瞬间跌落，悲凉之感油然而生。

人生苦短，怎能一直沉浸在痛苦里呢？

唉，暂时无暇顾及太多，快把上古神兽白鹿放在青崖间，任其奔跑、玩耍吧！徜徉山水间，快意人生。

白鹿在古代传说中是神仙所骑的神兽。有朝一日，再来此地时，寻得白鹿，骑着去寻访名川大山。

既然人生可以如此快慰洒脱，世人岂能随便卑躬屈膝、委屈自己侍奉权贵，一生不得志，郁郁而终呢？

最后几句由写梦转入写实，引出全诗的中心。诗人最终感慨道：人生如梦，行乐世间常常是乐极悲来。

正如李白在《春夜宴从弟桃花园序》中所说：“古人秉烛夜游，良有以也。”

快乐幸福总是昙花一现，似水流年转瞬即逝，还是骑着白鹿去寻仙问道比较适合自己。这其实体现了李白思想中相对消极的一面。

读者们也许已经发现了，每当李白遇到挫折，自我安慰无法奏效之时，他总会再次遁入寻仙问道的法门，妄图通过成仙来抛弃世间烦扰。

但在李白的思想当中，始终有积极的一面，与“人生无常”思想相对，不是对命运巨手的轻易妥协，也不是与皇亲贵胄的同流合污，而是表现为对当朝统治者的嘲讽和反抗。

秦始皇、汉武帝的求仙问道，根底里是为了长生不老、满足无穷贪欲，而李白的寻仙更多的是希望远离现实社会，流露出对权臣贵戚的鄙弃和不愿妥协的铮铮傲骨。

正像最终句所言：“安能摧眉折腰事权贵，使我不得开心颜！”李白哪能做到一辈子虚与委蛇去伺候有权有势之人，令自己过得愁眉不展呢？

李白的思想驳杂，虽时不时流露出一些愤世之言，但在那样的时代背景下，他始终积极乐观，充满反抗精神。

后世评论家认为，《梦游天姥吟留别》算是一首记梦诗，也叫游仙诗。

梦游仙府名山的主题，在历朝历代的诗句中屡见不鲜。但李白的诗，立意奇特、构思精巧细致、意境雄浑广大。从生命根底里发出的呐喊，深沉激烈，想象力极为丰富，变化莫测、虚无缥缈，却又不脱离生活现实。虽离奇，但不做作。

全诗内容丰富曲折，所塑造的形象和选取的意象气势恢宏、流光溢彩，充满了浪漫主义情怀。

从形式上分析，本诗属于杂言相间兼用骚体，不受格律的束缚，体制自由潇洒，有信手拈来之感，可谓笔随兴至。

李白是我国古代浪漫主义诗人的杰出代表，《梦游天姥吟留别》一诗在构思和表现手法等方面都富有鲜明的浪漫主义色彩。

该诗没有落入送别、留别、惜别等类型诗歌的俗套，通过诉离别之情表明诗人不向权贵俯首称臣、刚正不阿的人生态度。

铺陈讲述时，诗人并未平铺直叙，首先展示了一场仙人游行的盛大场面，梦醒时分才揭示了不事权贵的主旨，内容和主题交织细密，天衣无缝。此番构思，开拓了诗歌创作更广阔的想象空间。

李白极为大胆地运用了夸张、对比、比喻、衬托、联想等多种手法，打造了无与伦比的想象世界，颇有楚辞的遗风。

熊咆龙吟、雷电霹雳、空中楼阁、霓裳羽衣……诗人把幻想出来的场景描绘得活灵活现、真实可信，仿佛一帧帧电影画面接连而至，令读者眼花缭乱，不愧为浪漫主义的杰作。

杜甫曾形容自己这位至交好友“笔落惊风雨，诗成泣鬼神”，甚为恰当。

然而，李白作此诗，并非为了逃避现实而沉沦于浮夸的幻想，幻想的背后，藏着“不事权贵”的根本人生宗旨。

描写仙界的美妙灵动，是为了反衬朝廷的污浊和天下人的苦难；描写求仙之决心，表达了李白对现实世界的失望憎恶和对同流合污的不甘。

这种主张不阿谀权贵且独善其身的思想，是全诗的情绪线索，是文字的灵魂。在这种思想指引下，丰富的想象力放射出更加动人的光彩。

《梦游天姥吟留别》为七言古诗，七言古诗属于旧体诗的一种，形成于唐代之前，但直到唐代，七言古诗才在思想内容、艺术形式等方面得到长足发展。

虽名为“七言古诗”，但也可兼用长短句，可一韵到底，也可中间换韵。总体而言，七言古诗在唐代句数不限，篇幅灵活，在旧体诗里算是格律拘束较少的一种。

约束越少越不好写，要出彩并不容易，可旷世奇才李白偏偏喜欢拘束少的七言古诗。读者们应该能想见，李白那奔腾不息的情感和豪迈旷达的性格，需要通过这种诗体进行更加流畅自然、无拘无束的表达。

《梦游天姥吟留别》的句法变幻也极富创造性，虽全诗定调七言，但夹杂了许多四言、五言、六言、九言的句子，无生拼硬凑之感，却若浑然天成、行云流水。

除了诗人的高超技巧，全诗还有一条贯穿始终的情感发展主线，所有句式句法都是随着主线的起伏而长短变化的；节拍也同样参照了情感发展的方向，进行急与缓的变化。

评论家刘国正曾评论此诗："虽千变万化，如珠之走盘，自不越乎法度之外。"

很多评论家认为天姥山其实代指朝廷，第二段从登山写起，通过描写天姥山的美景，来暗指李白当初受到重用来到长安，等待召见，以及刚入翰林院时的春风得意。

当"忽已暝"三字出现时，则表示诗人已经处于政治斗争的旋涡之中，云遮雾罩，既看不清现实，又沉沦纸醉金迷，无法自拔。

忽然间，天姥山景色变幻，出现"熊咆龙吟殷岩泉，栗深林兮惊层巅"的场景。这表示诗人已经得罪了部分权贵阶层，感受到了对立面的猛烈冲击，深陷痛苦之中。

而当发生"列缺霹雳，丘峦崩摧"时，则说明要离开的时候已经到了，诗人失去了恩宠，没了皇帝的保护。失宠后的人，无依无靠，流离失所。

在这梦境中，诗人一直在"得"和"失"中挣扎，患得患失。最终，他顿悟了，"忽魂悸以魄动，恍惊起而长嗟"，原来一切不过大梦一场，醒来发现，梦中的荣华富贵不过过眼云烟。

唯有尝试过，方才知道适合与否。

在全诗最后一段，诗人直抒胸臆，抨击朝廷的黑暗、统治的昏庸，起初的“古来万事东流水”略显消极，却用“安能摧眉折腰事权贵，使我不得开心颜”一句，吐尽胸中块垒，格调昂扬振奋，潇洒出尘，不卑不屈的气概贯穿始终，毫无消沉颓废之感。

可见李白天生傲骨，极端蔑视权贵，不向世俗低头，始终渴望着一代明君，并希望能辅佐之。

轻轻地来过了，又悄悄地走了。

没带走一片云，没带走一粒尘。

但，还是有什么已经改变。

经历沉淀下来，变成了智慧；故事传颂出去，变成了历史。

李白，演绎了一段故事，成就了一代传奇。

他的心中，十分落寞，但不颓废；十分遗憾，但不后悔。

终点变成了起点，起点却意味着不同于往日的开端。眼前一片混沌，目标不见了，梦想还在。

也许，这就是人生；也许，这才是命运，无人能免，概莫能外。

凤去台空

凤凰台上凤凰游，凤去台空江自流。
吴宫花草埋幽径，晋代衣冠成古丘。
三山半落青天外，二水中分白鹭洲。
总为浮云能蔽日，长安不见使人愁。

——《登金陵凤凰台》

离开长安后，李白始终无法忘却。

也许，他曾不断反省自己，是否能做得更好，是否能重来一次。

也许，他彷徨过，也后悔过。但，川流不息，大江东去，往事不能重现。

这会儿，李白抵达凤凰台。面对更迭的历史、如烟的往事，蓦然间，万千往事涌上心头，他意识到内心十分思念长安，于是吟诵了《登金陵凤凰台》。

凤凰台上凤凰游，凤去台空江自流。
吴宫花草埋幽径，晋代衣冠成古丘。
三山半落青天外，二水中分白鹭洲。
总为浮云能蔽日，长安不见使人愁。

“凤凰台上凤凰游，凤去台空江自流。”全诗开头两句介绍了凤凰台的传说，两句诗共十四个字，连用了三个“凤”字，但没有重复之感，整体节奏轻快、流转自如，富有音韵的起伏美。

凤凰台故址位于金陵，即现在的南京市凤凰山。

据《江南通志》载：“凤凰台在江宁府城内之西南隅，犹有陂陀，尚可登览。宋元嘉十六年，有三鸟翔集山间，文彩五色，状如孔雀，音声谐和，众鸟群附，时人谓之凤凰。起台于山，谓之凤凰山，里曰凤凰里。”

南朝刘宋元嘉年间，传说曾有多只凤凰集于此山。后人因此筑台，山和台也由此得名。

古往今来，凤凰都是祥瑞的代表。王朝鼎盛之时，凤凰聚集朝拜。如今凤去台空，意味着六朝的繁华一去不复返，目力所及，唯有长江水波涛汹涌亘古不变地向东流去。

“吴宫花草埋幽径，晋代衣冠成古丘。”这句里，诗人开始描述眼前景色的变化，从景色变幻联想到六朝时代无与伦比的繁华。

金陵，曾是六朝古都，三国时期的吴、东晋，南朝的宋、齐、梁、陈等均曾在此定都。六朝时期的金陵，空前繁华，据史料记载，那时的金陵是世界上面积最大且人口超过百万的城市。

秦淮河蜿蜒曲折、兜兜转转，写满了前朝历史，诉说着儿女仇怨。秦淮河两岸，是六朝经济和文化的中心，百姓也在周围聚居。

然而，盛极必衰，六朝如昙花一现，繁华但短命。王朝更迭，朝代平均寿命仅仅为五十五年。恍恍惚惚，闪回闪现。

徘徊于六朝遗址，吟诵着那时的诗篇，诗人不禁感慨，吴国那无比繁华的宫廷已坍塌凋零，东晋时代的风流人物也已不知所踪，六朝的繁华跟随着凤凰台一起消失在历史的浩渺烟波里。

严沧浪曾评价：“《鹤楼》祖《龙池》而脱卸，《凤台》复倚《黄鹤》而翩毵。《龙池》浑然不凿，《鹤楼》宽然有余。《凤台》构造，亦新丰凌云妙手，但胸中尚有古人，欲学之，欲似之，终落圈圆。盖翻异者易美，宗同者难超。太白尚尔，况余才乎！”意思是，这里描写凤凰台，用典故难写出其蕴藏的深意，但李白的妙手总有不同。

“三山半落青天外，二水中分白鹭洲。”第三联不再抒情，开始描写景色。面对此情此景，诗人十分伤感，但并未一直沉浸在对过往的遗恨之中，思维跳出窠臼，关注当下。

“三山”是山名。据《景定建康志》记载：“其山积石森郁，滨于大江，三峰并列，南北相连，故号三山。”

现在的三山街为“三山”旧址，明初朱元璋筑城时，将城南的三座无名小山也围在城中，正好挡住从城北向南门聚宝门的去路。恰逢城东燕雀湖附近正在修筑宫城，这三座山便被填进了燕雀湖。三山挖平后，在山基修了一条街道，取名为三山街。

“半落青天外”，是极目远眺也看不清晰的意思。

“二水”，指秦淮河流经南京后西入长江，被横截其间的白鹭洲分为两支。

眼前，有三座高峰并立着，缥缈的云雾间，若隐若现，仿佛落在青天之外，进入了仙境。出了金陵，秦淮河西入长江，却被白鹭洲生生截断，波澜壮阔的江水也被一分为二，被迫形成两条河流。

整句诗气象宏大、境界开阔，为末联“不见长安”做了足够的情感铺垫。

“总为浮云能蔽日，长安不见使人愁。”最后两句表面是写景，实则深意无限。当朝帝都是长安，“日”字一语双关，除了形容太阳，还暗指唐玄宗。“浮云蔽日”，“浮云”比喻奸邪小人，这句的意思是奸佞小人当道，阻隔了贤臣。陆贾在《新语·慎微篇》中曾云：“邪臣之蔽贤，犹浮云之障日月也。”

诗人的意思是，皇帝身边围绕着的都是小人，忠良之臣报国无门，令人痛心疾首。

“不见长安”，映照着题目中的“登”字，诗人触景生情，意在言外，为读者留出遐想空间。

据史书《苕溪渔隐丛话》《唐诗纪事》等记载，李白很推崇诗人崔颢《黄鹤楼》一诗，想一比高下，于是创作了《登金陵凤凰台》。

评论家普遍认为两诗不分伯仲，正如方回在《瀛奎律髓》中所说的：“格律气势未易甲乙。”从用韵的技巧方面看，两诗均堪称神来之笔，浑然天成，语言流畅，清丽洒脱。

但作为凭吊历史之作，李白的确更胜一筹。除了壮志未酬的自身感受，李白还将典故、眼前实景等交织糅合在一起，令此情此景意蕴浓厚，发人深省。

李白写诗用笔不着痕迹，唯独登临黄鹤楼时，挥毫泼墨称不上尽情尽意，因为崔颢的《黄鹤楼》太成功了。

《李太白全集》注释有云：“李白登黄鹤楼有‘眼前有景道不得，崔颢题诗在上头’之语，至金陵，乃作《凤凰台》诗以拟之，今观二诗，真敌手棋也。《黄鹤》《凤凰》相敌在何处？《黄鹤》第四句方成调，《凤凰》第二句即成调；不有后句，二诗首唱皆浅稚语耳。调当让崔，格则逊李。颢虽高出，不免四句已尽，后半首别是一律，前半则古绝也。”

李白不甘人下，不想愧对“谪仙”的大名，要与崔颢一比高低。遂“至金陵，乃作凤凰台诗以拟之”，写出了超越崔颢的《黄鹤楼》的《登金陵凤凰台》，才平了胸中一口气。

当然，这个传说可能是后人为了加深此诗创作过程的戏剧性而故意杜撰的，但宁可信其有，毕竟这种做法颇符合李白那傲然自负的性格。

在诗歌评论史上，《登金陵凤凰台》获得了“与崔颢黄鹤楼相似，格律气势未易甲乙”的点评，两诗合称“登临怀古双璧”。

正如《诗薮》所点评的那样：“崔颢《黄鹤楼》、李白《凤凰台》，但略点题面，未尝题黄鹤、凤凰也。……故古人之作，往往神韵超然，绝去斧凿。”

评论家在《山满楼笺注唐诗七言律》一文中曾言：“若论作法，则崔之妙在凌驾，李之妙在安顿，岂相碍乎？”这些评论皆是后世对两首诗地位的肯定。

论及本诗的艺术特点，要先从全诗荡气回肠的感情线索谈起。

后世学者普遍认为李白的《登金陵凤凰台》充盈着浑厚博大之气，正因如此，诗人才能在阅古谈今、运筹帷幄的同时，保持超然物外、变换自如。

当然，这股“气”也离不开诗人广博的学识，深刻的思想见地，宽厚的心胸，精巧高绝的见解，这些都是他成为“诗仙”的重要原因。

读李白的诗，透过诗人从容大度、举重若轻的笔触，能感受到盛世唐朝的历史脉冲，能体会到芸芸众生的喜怒哀乐。

《登金陵凤凰台》的成功，在于通过东流不息的江水等意象，构造了前无古人的时空意境，完美呈现了时空转换，象征着自然的永恒。

这种永恒，一方面来自李白以自然为中心、“物我为一”的世界观；另一方面；从更深层次上说，这首诗打破了一直以来的帝王神话。

封建统治者为了奴化民众，宣扬皇家世代永生、精神永存，提升皇家与神比肩，但李白始终对此深表怀疑。

即便是绝顶出色的统治者，例如秦始皇，可“挥剑决浮云，诸侯尽西来。明断自天启，大略驾群才”，最终依然与凡人殊途同归，“但见三泉下，金棺葬寒灰”（《古风·秦王扫六合》）。

自然，是李白心中唯一的永恒。从这个角度看，虽然李白有求仙问道的想法，但他的确是一个唯物主义者。在他笔下，宇宙万物最崇高，自然和运动才永恒。荣华富贵，在历史长河中，不过昙花一现。

诗中，在描绘自然的雄浑伟力时，李白选取了最鲜明的意象："三山半落"的混沌，"二水中分"的豁然，境界大开大合。这些意象代表着朝代更迭，象征着新人辈出。

在固定地点，通过呈现不同意象，展示景物变迁，暗喻时间流逝，启发读者做更深入的思考。

本诗的艺术特色还包括别致、灵动的遣词造句。"登临"过程中，诗人内在精神饱满，目力所及，山河景色作为线索，"埋幽径""成古丘"的凄清，"三山""二水"的辽远，"浮云"、不见"长安"的无奈和惆怅，情随景生，意象变换，浑然而成。

"凤凰"飞走后，"凤凰台"变得更"空"，圣洁、清朗、潇洒、略带感伤，一气呵成、意到笔到。

正如后人在《珊瑚钩诗话》中点评的那样："金陵凤凰台，在城之东南，四顾江山，下窥井邑，古题咏惟滴仙为绝唱。"李白当之无愧。

本诗是怀古抒情之作，共八句五十六字，涉及了传说故事，描述了历史变迁，写尽了地老天荒，格调高古，气韵浑然，不愧是李白之作。

深沉的历史，布满了迷雾。

残酷的现实，清醒得刺痛。

是沉睡还是醒来，是逃避还是面对，李白做出了最终的选择。

不言离苦

远别离，古有皇英之二女，乃在洞庭之南，潇湘之浦。

海水直下万里深，谁人不言此离苦？

日惨惨兮云冥冥，猩猩啼烟兮鬼啸雨。

我纵言之将何补？

皇穹窃恐不照余之忠诚，雷凭凭兮欲吼怒。

尧舜当之亦禅禹。

君失臣兮龙为鱼，权归臣兮鼠变虎。

或云：尧幽囚，舜野死。

九疑联绵皆相似，重瞳孤坟竟何是？

帝子泣兮绿云间，随风波兮去无还。

恸哭兮远望，见苍梧之深山。

苍梧山崩湘水绝，竹上之泪乃可灭。

——《远别离》

有些路走过了，有些风景领略了。

花开花谢，风景依旧，人心易变。

与过往握手言和，未尝不是一次选择，未尝不是一种态度。

但，如何看待是一方面，如何做则是另一方面了。

将未来交给时间，将过去交给历史，也许温柔，也许低迷，也许沉醉，也许痛苦，也许哀伤，也许激越……不得而知。

怎么选择，总有感动，总有朋友，总有故事，总有结局。千回百转，殊途同归。

桃花年年总相似，不同唯有从前人。

其实，李白建功立业的想法从未改变。曾有七年时间，他游荡在河南、山东、安徽、江苏、浙江等地，通过游山玩水、求仙问道排解内心苦闷。打心底里，他无法轻易忘却毕生的政治理想。

但李白知道，唐玄宗周围的奸佞小人太多，通过正常渠道再次觐见皇帝已不可能。

于是，他想入幕边军，建功立业。

年轻时的李白，曾幻想仗剑天涯，如今早已年过半百，远没有达到心中的“成功”标准，甚至可谓一无所成。于是他决定弃笔从戎，希望能曲线救国，有机会实现政治抱负。

盛唐时期，的确有些文人求仕无门，后通过边塞从军实现政治抱负。

下定决心后，李白创作了一首《赠何七判官昌浩》，表达弃笔从戎的心愿。

有时忽惆怅，匡坐至夜分。
平明空啸咤，思欲解世纷。
心随长风去，吹散万里云。
羞作济南生，九十诵古文。
不然拂剑起，沙漠收奇勋。
老死阡陌间，何因扬清芬。
夫子今管乐，英才冠三军。
终与同出处，岂将沮溺群。

挥剑杀敌，纵然殒命沙场，也比屈膝逢迎来得痛快。

不久后，李白来到幽州，通过观察走访，他发现，战火频繁，令黎民百姓处在水深火热之中。

这时，安禄山的狼子野心已暴露无遗，路人皆知，李白甚至把其野心写进了诗歌。

十月到幽州，戈鋋若罗星。

君王弃北海，扫地借长鲸。

呼吸走百川，燕然可摧倾。

心知不得语，却欲栖蓬瀛。

弯弧惧天狼，挟矢不敢张。

揽涕黄金台，呼天哭昭王。

无人贵骏骨，騄耳空腾骧。

乐毅倘再生，于今亦奔亡。

蹉跎不得意，驱马还贵乡。

诗中，李白多次用典，对现实表达了悲愤和无奈的心情。

唐玄宗信任安禄山，但安禄山一直在酝酿着谋反，李白看在眼里急在心里，却束手无策。真可谓空有一片报国心，踏破铁鞋无法门。

历史沧桑变幻，大乱已在眉睫。昔日盛唐，颓相毕现，皇权统治风雨飘摇。在《北风行》里，李白记录了那个混乱的时代。

烛龙栖寒门，光曜犹旦开。

日月照之何不及此？惟有北风号怒天上来。

燕山雪花大如席，片片吹落轩辕台。

幽州思妇十二月，停歌罢笑双蛾摧。

倚门望行人，念君长城苦寒良可哀。
别时提剑救边去，遗此虎文金鞞靫。
中有一双白羽箭，蜘蛛结网生尘埃。
箭空在，人今战死不复回。
不忍见此物，焚之已成灰。
黄河捧土尚可塞，北风雨雪恨难裁。

权臣当道，一手遮天；皇帝昏庸，沉迷女色；军阀拥兵自重，虎视眈眈；百姓流离失所，苦不堪言。

《唐诗别裁》中曾提到李白创作这首诗的背景："玄宗禅位于肃宗。宦者李辅国谓上皇居兴庆宫，交通外人，将不利于陛下。于是，徙上皇于西内，怏怏，不逾时而崩。诗盖指此也。太白失位之人，虽言何补！故托吊古以致讽焉。"创作背景表明，这首诗有借古讽今之意。

纵然是李白，此时此刻，除了心急如焚，亦无他策。据《唐诗品汇》记载："此太白伤时君子失位，小人用事，以致丧乱。身在江湖之上，欲往救而不可，哀忠谏之无从，舒愤疾而作也。"

那段时间，李白创作了多首反应战乱问题的诗文，饱含忧愤。宝剑在手，能自保亦能御敌，却无力扭转乾坤。

后来，李白放弃从军，南下宣城。遥望帝都，他希望借手中之笔唤醒沉睡的巨龙，于是一首《远别离》诞生了。

远别离，古有皇英之二女，乃在洞庭之南，潇湘之浦。
海水直下万里深，谁人不言此离苦？
日惨惨兮云冥冥，猩猩啼烟兮鬼啸雨。
我纵言之将何补？
皇穹窃恐不照余之忠诚，雷凭凭兮欲吼怒。
尧舜当之亦禅禹。
君失臣兮龙为鱼，权归臣兮鼠变虎。
或云：尧幽囚，舜野死。
九疑联绵皆相似，重瞳孤坟竟何是？
帝子泣兮绿云间，随风波兮去无还。
恸哭兮远望，见苍梧之深山。
苍梧山崩湘水绝，竹上之泪乃可灭。

“远别离，古有皇英之二女，乃在洞庭之南，潇湘之浦。”

全诗首句，介绍了一个古老的传说。史传帝尧有两个女儿，老大为娥皇，老二为女英，二女都嫁给了舜。

舜南巡的时候，死在苍梧之野。两个妃子思念夫君，日日泪流不止，泪洒青竹，竹上染斑，这就是闻名于世的“湘妃竹”。悲哀至极时，两妃纵身跳入湘江，双双溺亡。

提起这个传说，潇湘洞庭便带有了悲剧的气氛。

“海水直下万里深，谁人不言此离苦？”

吟诵这两句诗，读者身临其境，内心涌起潮水般的哀愁。

李白采用湘妃典故后，马上发问：“谁人不言此离苦？”这个提问立刻拉近了读者与作者的距离，双方产生强烈的感情共鸣。

“日惨惨兮云冥冥，猩猩啼烟兮鬼啸雨。”

紧接着，李白着墨描写湘西的景色。诗人目力所及，只见日头昏暗，云遮雾罩，猿猴在烟雨朦胧中哀鸣。山雨欲来风满楼，魑魅魍魉横行在人间……这句暗示了皇帝的昏庸、政局的动荡、人间的阴暗。

此情此景，诗人仰天长问：“我纵言之将何补？”

面对世间种种不平，诗人空有一腔抱负，没有一官半职，无力施展拳脚，任凭他怎么呼喊都于事无补。

“皇穹窃恐不照余之忠诚，雷凭凭兮欲吼怒。尧舜当之亦禅禹。”

如此天子，哪怕剖腹掏心呈给他，恐怕也将是非不分、黑白颠倒、无视忠奸。

仰头观天，雷声轰鸣，震耳欲聋，天公也忍无可忍，雷霆震怒，难道天公也愤怒于天子的昏聩？

“尧舜当之亦禅禹。君失臣兮龙为鱼，权归臣兮鼠变虎。”

这三句中，李白直陈心迹，之所别离，正因为邪魅当道，王朝摇摇欲坠。

一朝天子若用人失当，大权旁落，就如真龙变成小鱼一样无力。篡权之人，老鼠变老虎，张开血盆大口，将百姓吞噬。如此状况，便是尧舜在世，也必然要马上禅位。

李白在这里用典，证明口说有凭，“或云：尧幽囚，舜野死”，关于尧被秘密囚禁、舜死于蛮荒之地，确有相关记载。《国语·鲁语》也曾描述过此事：“舜勤民事而野死。”

《艺圃撷余》也曾曰：“因今度古，将谓尧、舜事亦有可疑。曰‘尧舜禅禹’，罪肃宗也；曰：‘龙鱼’‘鼠虎’，诛辅国也。故隐其词，托兴英、皇，而以《远别离》名篇。风人之体善刺，欲言之无罪耳。然‘幽囚野死’，则已露本相矣。古来原有此种传奇议论。”

诗中，李白认为，尧舜的悲惨结局，在于大权旁落，权力过于分散。

“九疑联绵皆相似，重瞳孤坟竟何是？”

据记载，舜有两个瞳孔，称为“重华”。民间认为，舜死在湘南的九嶷山，九嶷山包括九座山峰，山峰连绵不绝，外形相似，具体葬身之地无人知晓。

后人将舜的墓地称为“孤坟”，诗人感叹，当了一辈子皇帝，却连尸骨所在都成了谜，可悲、可叹。

“帝子泣兮绿云间，随风波兮去无还。”

这句描述了两位妃子娥皇、女英在丈夫去世后，每日在绿竹间寻觅、哭泣的行为。

“恸哭兮远望，见苍梧之深山。”

泪眼婆娑中，娥皇女英凝望着远方。一个“深”字，令读者感受到了云山雾罩的迷茫，无力、无奈，加深了悲剧的氛围。

“苍梧山崩湘水绝，竹上之泪乃可灭。”

除非苍梧山崩塌，湘江水枯竭，否则青竹上的斑点永远不会消失，二妃的眼泪也永远流不干。压抑、悲哀之感扑面而来。

全诗意在写“别离”，表面描写了两个妃子悼念亡夫，但“我纵言之将何补”等句则引出全诗主旨，即诗人对朝廷失当的批判。

“君失臣”“权归臣”，暗指唐玄宗统治后期爆发的政治危机，最为李白所忧心。

元代理论家萧士赟认为，唐玄宗晚年沉迷酒色、朝政旁落，让奸臣李林甫、杨国忠负责朝政，让野心家安禄山、哥舒翰等人把手边防，于是“太白熟观时事，欲言则惧祸及己，不得已而形之诗，聊以致其爱君忧国之志。所谓皇英之事，特借指耳。”

萧士赟觉得李白谈论尧舜之事，意在表明一朝天子若不理朝政，使大权旁落，纵使天仙下凡也难保国家社稷安稳。

后来发生了马嵬坡事变，皇帝最钟爱的妃子杨玉环成了政治斗争的牺牲品，从这里看，李白真可谓料事如神。

《艺圃撷余》中曾记载了这件事：“太白《远别离》篇，意最参错难解……范德机，高廷礼勉作解事语，了与诗意无关。细绎之，始得作者意。其太白晚年之作邪？先是肃宗即位灵武，玄宗不得已称上皇，迎归大内，又为李辅国劫而幽之。太白忧愤而作此诗。”

李白心急如焚，很想把唐玄宗喊醒，但即便喊破喉咙，天子也没机会听到，更别提幡然醒悟了，真可谓“言之何补”。

创作这首诗时，李白心乱如麻，明知上天无门，只想一吐为快。整首诗的节奏也若断若续、似吞似吐，有楚辞的风范。

评论家范椁说：“此篇最有楚人风。所贵乎楚言者，断如复断，乱如复乱，而辞意反复行于其间者，实未尝断而乱也；使人一唱三叹，而有遗音。”

文似看山不喜平，在这首诗中，李白恰当地拿捏了此原则。

在《唐宋诗醇》中，杨载曾曰：“波澜开阖，如江海之波，一波未平，一波复起。又如兵家之阵，方以为正，又复为奇，方以为奇，忽复是正，出入变化，不可纪极。”

后人普遍认为，李白将胸中之郁闷纠结，与楚歌骚体的手法糅合起来，使得“断和续、吞和吐、隐和显，消魂般的凄迷和预言式的清醒，紧紧结合在一起，构成深邃的意境和强大的艺术魅力”。

读这首诗，会联想起屈原的《离骚》，情绪、风格及用韵等方面均有些神似。《唐诗援》也曾提到李白这首诗的楚辞风格：“乱处、断处、诞处俱从《离骚》来，妙在不拟《骚》。”

评论家范云认为：“此篇最有楚人风。所贵乎楚言者，断如复断，乱如复乱，而辞意实复屈折行乎其间者，实未尝断而乱也，使人一唱三叹而有遗音。至于收泪讴吟，又足以兴夫三纲五典之重者，岂虚也哉！兹太白所以为不可及也。”

《诗源辨体》甚至认为，这首《远别离》的艺术境界在《蜀道难》之上：“太白《蜀道难》《天姥吟》，虽极漫衍纵横，然终不如《远别离》之含蓄深永，且其词断而复续，乱而实整，尤合骚体。”其艺术造诣之深，可见一斑。

年轻时的李白，放荡不羁，整日寻仙问道，颇具仙风道骨。

入翰林院后，人们一改往日对李白的看法，判断一向傲气的李白会变得委曲求全、曲意逢迎。

直到《远别离》一诗，读者终于醒悟，李白还是那个李白，保持着最初的模样。他始终心怀全天下，渴望济苍生。

失望后，李白游遍名山大川，没有潜心修道，没有堕入窠臼，唯求于山水间静心安神。

倾其一生，李白始终在寻觅安放灵魂之所在，至今四处漂泊，至今难寻踪影。

虽屡屡受挫，但天赋加身，怎能轻易断绝？

诗人依然在寻觅着，渴望有朝一日能施展才华。

也许，终将找到；也许，毕生都无望。

称意太难

弃我去者，昨日之日不可留；
乱我心者，今日之日多烦忧。
长风万里送秋雁，对此可以酣高楼。
蓬莱文章建安骨，中间小谢又清发。
俱怀逸兴壮思飞，欲上青天揽明月。
抽刀断水水更流，举杯消愁愁更愁。
人生在世不称意，明朝散发弄扁舟。

——《宣州谢朓楼饯别校书叔云》

人生几何，去日苦多。

时光荏苒，似水流年。虽有壮志豪情，无奈时间冷酷，热情在逐渐衰减。

不知不觉，容颜已逝。蓦然回首，蹉跎、疲惫。

李白的字典里没有“放弃”二字，离开长安后，他重溯黄河，往返于长江两岸，踏遍江南江北。

一路上，只见百姓流离失所，生活没有着落。面对天子的昏庸无为、奸佞的张扬跋扈、野心家的蠢蠢欲动，诗人深感无力。

李白陷入了烦恼和痛苦之中，他无心忧虑个人前途，扛起国家社稷、阻止动乱灾祸、拯救黎民百姓才是当务之急。

困恼于纷扰的当下，有感于清醒的自知，却没有渠道排解，唯有豪饮放歌，趁着酒酣耳热，落笔挥洒，方能吐尽胸中激愤。于是，李白写下了《宣州谢朓楼饯别校书叔云》。

弃我去者，昨日之日不可留；
乱我心者，今日之日多烦忧。
长风万里送秋雁，对此可以酣高楼。
蓬莱文章建安骨，中间小谢又清发。
俱怀逸兴壮思飞，欲上青天揽明月。
抽刀断水水更流，举杯消愁愁更愁。
人生在世不称意，明朝散发弄扁舟。

这首诗大约写于天宝十二载的秋天，李白来到了宣州，故人也恰好至此，诗人陪同友人登临谢朓楼并设宴送行。

谢朓楼又名北楼、谢公楼，位于陵阳山上，南齐诗人谢朓任宣城太守时所建，并改名为叠嶂楼。其实，这座谢朓楼李白早已来访多次，以前也写过一首诗《秋登宣城谢朓北楼》。

这首诗，属饯别抒怀诗。在那样的时代背景下，借着送客，诗人表达了万千感慨。虽胸怀豪情，却难掩抑郁与不平，诗歌情绪一波三折。

“弃我去者，昨日之日不可留；乱我心者，今日之日多烦忧。”

诗作开端，既没抒发离愁别绪，也没直接描写谢朓楼，而是陡然感慨，直抒胸臆。清代宋宗元在《网师园唐诗笺》中评论开篇两句为“耸突爽逸”。

“昨日之日”“今日之日”，并非特指某一天，代表着过去无数个蹉跎而逝的日日夜夜，和即将到来、也许依旧蹉跎下去的无数个“今日”。

白驹过隙，时光流逝，诗人有心无力，没机会实现抱负、理想，为此深感不安、心烦意乱，甚至抑郁忧愤。

这几句诗，诉说了一种当时“知识分子的苦闷”，这种苦闷不仅来源于对过往的悔恨，也有对污浊的政治环境的愤怒和无奈。

李白是愤怒的，他的愤怒深广、强烈，发乎多端。可以说，这是他长久以来不平遭遇的高度概括，侧面体现了唐玄宗统治后期的腐朽、黑暗，以及李白个人生活的日渐困顿。

理想与现实差距太大，矛盾尖锐，这种痛苦引起诗人强烈的焦躁不安。这两句诗，可谓是他痛苦经历的升华和提炼。

这看似没来由的诗歌发端，应用了重叠复沓的表现方式“弃我去”“不可留”“乱我心”“多烦忧”等，还有一鼓作气而出的十一字长句，可见诗人内心之郁结，仿佛水满则溢，情绪一触即发。

“长风万里送秋雁，对此可以酣高楼。蓬莱文章建安骨，中间小谢又清发。”

通过视角转换，不再关注内心感觉，转而描述眼前的景色：秋高气爽，寂寥空明。遥望着万里长风，向鸿雁离去的方向遥遥相送，这是多么壮美的一副秋景图！

如此开阔旷达的美景，暗示着诗人无比宽广的胸襟。极端苦闷，却似乎突然从中抽离，达到了朗爽通透的境地。诗句内涵变化多端，为读者提供了极致的审美体验，有种不可思议之感。

这种出乎意料、大开大合的文风，一直是李白所独有的。清代沈德潜在《唐诗别裁》中提到过这首诗：“此种格调，太白从心中化出。”在黑暗污浊的统治下，拥有远大理想抱负，却难以实现，便是李白痛苦的根源。但他从未失去斗志，始终向往着有朝一日能有机会施展才华。

这时，诗人放眼云端，发现“长风万里送秋雁”的形象，令人身心旷达，精神陡然一振，忧愁烦恼一扫而空，此时此刻，自然应该乘兴举杯“酣饮高楼”。

紧接着，诗人开始描写宴席中的主客。“蓬莱文章”就是送别的客人李云所作的文章。“蓬莱”是指东汉时藏书之地，据《后汉书》记载：“是时学者称东观为老氏藏室，道家蓬莱山。”

“建安骨”指写文章拥有刚健遒劲的风格，以“三曹”和“七子”为代表。这里是夸赞李云的文章风格刚健，与举世闻名的“建安风骨”比肩。

“小谢”，指谢朓，字玄晖，南朝齐诗人，后人将他和谢灵运称为“大谢”“小谢”。李白欣赏并推崇两位诗人，有时以他们自比，表达一种钦羡之情。

“俱怀逸兴壮思飞，欲上青天揽明月。”

既然大家如此开心，有豪情，有逸兴，有雄心，有壮志，相谈甚欢、志同道合，乘着酒兴，不如飘飘飞仙，去那青天上把明月摘下。

“欲上”二字，暗示了这是乘着酒劲儿说出的豪言壮语。“上天揽月”这个愿望，可能只是一时兴起，没有什么明确的指向，但飞升的动作，暗示着李白对重回长安实现政治理想的期待。

全诗到这里，激情迸发，“长风万里送秋雁”引起的情绪又将全诗推向了新的高峰，李白心中的黑暗污浊已涤干荡净，忧愁苦闷也暂时抛开了。

然而，无论精神多么自由，肉身依然在凡间，依然沉浸在动荡的社会氛围中。高洁空灵的追求不能掩盖这种无处躲避的痛苦。

幻想结束，回到现实，痛苦更深了，表现为“抽刀断水水更流，举杯消愁愁更愁”。情绪到达极高处，再次转折，瞬间一落千丈。

谢朓楼前，有一条小河，名叫“宛溪”，宛溪水汩汩向东流去，不尽的流水似乎象征着无边无际的哀愁，砍不断理还乱。

“抽刀断水”是一个比喻，高妙不凡，把无法排遣的忧愁形象化，让读者一下就体会到了诗人的痛苦，浑然天成，却贴近生活，奇特且富于创造性。

“举杯消愁”，化用了借酒消愁的意思，再加上一个“愁更愁”，诗人一副酒醉却依然痛苦的模样，栩栩如生，跃然纸上。

“人生在世不称意，明朝散发弄扁舟。”

诗作的最终两句，揭示了诗人无法宣泄的内心痛苦，理想和现实总是充满了矛盾，人生总是处于纠结之中，夙愿无法达成，成了心结，成了心病，时不时总会疼一下，提醒着李白，今生壮志未酬。

也许，唯有去“散发弄扁舟”，走上逍遥、避世之路，来摆脱身上的枷锁和重担。虽略显消极，但在那样的历史环境下，别无他法。据《史记·货殖列传》记载，春秋末年，范蠡辞别越王勾践，“乘扁舟浮于江湖”。李白化用了这个典故。

全诗不长，但奇在瞬息万变、跌宕起伏的情绪，以及大开大合的艺术技巧。

清代王尧衢在《古唐诗合解》中如此评论此诗：“此篇三韵两转，而起结别是一法。（前四句）起势豪迈，如风雨之骤至。言日月如流，光阴如驶已去之。昨日难留，方来之忧思烦乱，况人生之聚散不定，而秋风又复可悲乎！当此秋风送雁，临眺高楼，可不尽醉沉酣，以写我忧乎？”

全诗甫一开始，似平地炸雷，炸出郁积良久的强烈苦闷。接着，故作轻松地抛去愁苦和烦恼，诗人放眼秋日长空，开始“酣高楼”“揽明月”，想要扶摇而上，呈现出一副醉态。

最后，这种放松和兴奋却戛然而止，跌入抑郁的深渊。没有启承转合、没有过度埋伏，变化无端、情绪无迹的结构，流露出李白断层般的心理变化，和过山车般的急遽痛苦。

正如清代评论家方东树在《昭昧詹言》中所云：“起二句，发兴无端；‘长风’二句，落入。如此落法，非寻常所知。‘抽刀’二句，仍应起意为章法。‘人生’二句，言所以愁。”

有人认为，这首诗最能体现李白精神层面的无可比肩。尽管他始终是痛苦挣扎的，但从未放弃理想，从未颓废堕落。无论何种际遇，总能在李白的诗句中找到豪迈慷慨的情怀。

明人唐汝询曾在《唐诗解》中说：“此厌世多艰，思栖逸也。言往日不返，来日多忧，盍乘此秋色登楼以相酣畅乎？……然不得近君，是以愁不能忘。而以抽刀断水起兴，因言人生既不称意，便当适志扁舟，何栖栖仕宦为也？”

“长风”“俱怀”等句，仿佛一首曲调悲怆的交响乐，同时又充满了高亢、乐观、昂扬的曲调。想象一幅图画：乌云密布的天空，阳光利剑般乍现，倔强地穿透厚重的云层，金黄灿烂，给人希望，给人勇气，给人坚持下去的动力。

总有酒醒处，总有梦醒时。生活是一场修行，哀愁、疼痛终是底色。

苦闷令人窒息，绝望令人崩溃。那又如何？众生皆苦。

忧愁仿若长江水，既然如此，不如自我流放，远走天涯。

归程何处

箫声咽，秦娥梦断秦楼月。

秦楼月，年年柳色，灞陵伤别。

乐游原上清秋节，咸阳古道音尘绝。

音尘绝，西风残照，汉家陵阙。

——《忆秦娥·箫声咽》

人生的价值何在？每个人的理解都不同。也许是昂扬恣肆，对酒当歌；也许是清明淡漠，平静安稳。

未必笑傲江湖，未必青云直上，却愉悦自得，坦坦荡荡。

李白，若是按部就班通过科举出仕，就失却了旷达倜傥；若是低眉逢迎通过手段求官，就失却了铮铮傲骨。

“诗仙”？

不存在的。

没了风骨和神韵，没了特立独行和遗世独立，则“谪仙人”不再。

纵使全身傲骨、一世清白，依然一身萧索、百般寥落。

晚年的李白，喟叹连连，创作了两首词《菩萨蛮·平林漠漠烟如织》《忆秦娥·箫声咽》表明心迹。

平林漠漠烟如织，寒山一带伤心碧。
暝色入高楼，有人楼上愁。
玉阶空伫立，宿鸟归飞急。
何处是归程？长亭连短亭。

箫声咽，秦娥梦断秦楼月。
秦楼月，年年柳色，灞陵伤别。
乐游原上清秋节，咸阳古道音尘绝。
音尘绝，西风残照，汉家陵阙。

古人对李白这两首词有极高的评价，将其誉为“百代词曲之祖”。

《忆秦娥·箫声咽》描写了一个等待情郎归来的女子。

“箫声咽，秦娥梦断秦楼月。”

明月高挂，京城一个美丽的女子正在睡觉，突然一阵凄凄惨惨的箫声传来，惊扰了她的美梦。

“秦娥”指长安年轻美丽的女子。据《方言》一书卷二记载：“秦晋之间，美貌谓之娥。”

“梦断”这里用了一个典故。在《列仙传》中，记载了一个关于萧史与弄玉的故事。传说萧史因为善吹箫，被秦穆公的公主看上，二人结为夫妻，随凤凰飞升成仙。

典故反衬了词中的秦娥，形单影只、茕茕孑立，只能在晚上入梦后，与爱人团聚。而那可恶的箫声却将女子最后的安静打破。

“秦楼月，年年柳色，灞陵伤别。”

梦中醒来，秦娥抬头望去，只见一轮清冷的明月，形单影只，哀哀欲绝。

楼下，杨柳依依，一如往昔跟情郎话别时的样子。那年在灞桥上，情郎折柳送别。那柳枝如今已经干枯，却还被女子细致收藏着，这会儿又被她找出来反复摩挲，思念着远方的郎君，泪眼婆娑。

“灞陵”，是汉文帝刘恒的陵墓，位于现在的陕西西安市东，附近有座灞桥，常做送别之所。后人在《三辅黄图》中曾云：“灞桥在长安东，跨水作桥。汉人送客至此桥，折柳赠别。”

“灞陵伤别”一句，女子观青青柳色，忆起当年分别的场景。这里补充了中断的梦境内容，即与情郎的相聚，为下阕的抒情埋下了伏笔。

“伤离别”，描写了女子的离愁别恨。离别年年有，年年总相似，似乎很容易引起读者的共鸣，把个人体验上升到全人类共同的悲剧体验中，境界大开。

“乐游原上清秋节，咸阳古道音尘绝。”

“伤别”之后，女子登古原向远处张望，希望看到归来的情郎，但却求而不得。

“乐游原”，位于现在的西安市南边，是全城最高的地方。居古原顶部，登上那里，四周景色尽收眼底，包括全城的建筑，和周边汉朝的陵墓。

在寂寥、清冷的秋季，女子满怀愁绪，面向着情郎离家经过的咸阳古道，望断天涯。

“咸阳”是秦朝曾经的都城，汉、唐时，要从京城长安向西北经商或从军，必须经过咸阳。“清秋节”指农历九月初九的重阳节，那天人们会选择登高过节。

“古道”荒废已久，没什么行人，令情郎回家之路显得孤独、幽深、寥廓。望眼欲穿中，唯有阳光里的尘埃在凌乱飞舞。女子那副满心绝望、无声欲哭的状态，被淋漓尽致地刻画出来。

“音尘绝，西风残照，汉家陵阙。”

“音尘绝”三个字重复一次，加深了古道远望时的悲凉，突出了女子心境的悲伤。

秋风肃杀，吹尽一切生命残迹。落日昏黄的余晖，笼罩在汉代皇帝陵墓周围，枯槁、死寂。这句始于怀念远游之人，又由残照下的陵阙而怀古伤今，气象博大，内容也开始波澜壮阔，意境深远。

《忆秦娥》又名“秦楼月”“碧云深”，属于词牌名，最早出于这首词。可参见黄升《唐宋诸贤绝妙词选》，标注为李白作。

宋代大诗人陆游读此词后，曾在《花间集跋》中说：“唐自大中以后，诗家日趋浅薄，其间不复有前辈宏妙浑厚之作。”

唐朝中晚期的诗作，不再有盛唐时期的雄浑态势，反而日趋浅薄，多呈现清丽婉转旖旎之风。但李白这首词却意境深远，内容广博，视角开阔，风格又回到了唐初那时恢宏浑厚的风格。后人认为，这首词的风格与敦煌的乐曲词牌相类似。

后世有评论家说：“此词句句自然，而字字锤炼，沉声切响，掷地真作金石声。而抑扬顿挫，法度森然，无字荒率空泛，无一处逞才使气。以此而言，设为李太白之色，毋宁认是杜少陵之笔。其风格诚在五代花间未见，亦非歌席诸曲之所能拟望，已开宋代词之格调。”这句的意思是，后人纷纷认为宋代词于此起步。

其实，那位思念情郎的女子，未尝不是李白自己。诗人从未放弃自己的理想，他的状态，何尝不是望眼欲穿、茕茕孑立呢？

然而，盛世不再，铁蹄如雪。古道幽幽，音信断绝，繁华旧梦好似过眼云烟，再也不见。

西风萧瑟，残阳冷照，未来没来，过去已逝。

在看不到归途也望不到前路的古道边，唐王朝仿佛昙花一现，无论多么辉煌、强盛，终不过一抔尘土。

古往今来，谁人不寂寞，谁人不悲苦。

此时此刻，殊途同归。

吾本狂人

我本楚狂人，凤歌笑孔丘。
手持绿玉杖，朝别黄鹤楼。
五岳寻仙不辞远，一生好入名山游。
庐山秀出南斗傍，屏风九叠云锦张。
影落明湖青黛光，金阙前开二峰长，银河倒挂三石梁。
香炉瀑布遥相望，回崖沓嶂凌苍苍。
翠影红霞映朝日，鸟飞不到吴天长。
登高壮观天地间，大江茫茫去不还。
黄云万里动风色，白波九道流雪山。
好为庐山谣，兴因庐山发。
闲窥石镜清我心，谢公行处苍苔没。
早服还丹无世情，琴心三叠道初成。
遥见仙人彩云里，手把芙蓉朝玉京。

先期汗漫九垓上，愿接卢敖游太清。

——《庐山谣寄卢侍御虚舟》

李白晚年时，回首一生，有无奈，也有欢欣。无论是否遗憾，都已无法回头。

有人说，此生无憾，足矣。但李白的遗憾太多，辅佐国君治理天下的抱负始终没能实现，即便如此，他也从未放弃，一直倔强，始终如一。

诗中的乐观和豪迈，是装不出来的。努力过，虽留有遗憾，也可淡然处之了。

在浔阳，李白再次登顶庐山，写下了《庐山谣寄卢侍御虚舟》。

我本楚狂人，凤歌笑孔丘。

手持绿玉杖，朝别黄鹤楼。

五岳寻仙不辞远，一生好入名山游。

庐山秀出南斗傍，屏风九叠云锦张。

影落明湖青黛光，金阙前开二峰长，银河倒挂三石梁。

香炉瀑布遥相望，回崖沓嶂凌苍苍。

翠影红霞映朝日，鸟飞不到吴天长。

登高壮观天地间，大江茫茫去不还。

黄云万里动风色，白波九道流雪山。

好为庐山谣，兴因庐山发。

闲窥石镜清我心，谢公行处苍苔没。

早服还丹无世情，琴心三叠道初成。

遥见仙人彩云里，手把芙蓉朝玉京。

先期汗漫九垓上，愿接卢敖游太清。

“我本楚狂人，凤歌笑孔丘。”

诗作开篇即用典，直抒胸臆：我就像楚狂接舆，高唱着凤凰之歌来嘲笑孔子。

据《论语·微子》记载，孔子曾去楚国游学，有人名叫接舆，在孔子车旁唱道：“凤兮凤兮，何德之衰？往者不可谏，来者犹可追！已而！已而！今之从政者殆而！”接舆嘲笑孔子沉迷于做官，无论到哪个国家，都要觐见国王，妄图出仕。

这里，诗人直陈心迹，自比楚狂人，表明对当朝天子不再抱有幻想，也知道没有建功立业的可能。既然如此，不如变成楚狂人，游遍名山大川，开启田园生活，隐居山水间。

这个典故，用语犀利，内涵深刻，带入了李白的整个人生经历。

“手持绿玉杖，朝别黄鹤楼。五岳寻仙不辞远，一生好入名山游。”

这句描述了李白从武昌启程来到庐山的经过，表述方式带有传奇色彩。诗人手持仙人用的手杖，上面镶嵌着名贵的玉石，雾霭晨光中从黄鹤楼飘然而去。

“五岳寻仙不辞远，一生好入名山游。”

这两句诗，点明李白专门来庐山的原因，即“好入名山游”，这里暗示诗人厌倦了污浊的社会氛围，想隐逸，想成仙。

全诗前六句，是开幕的序曲。

“庐山秀出南斗旁，屏风九叠云锦张。”

这两句，是第二部分的开始，李白用大量辞藻正面描写庐山、长江周围景色的雄浑壮阔。

古代星宿师认为，天上的星座能与大地上的州县对应，庐山一带对应着的正是南斗的分野，“屏风九叠”即庐山五老峰东北的九叠云屏。

庐山风景秀美，山峰挺拔，山林茂密、高耸入云。九叠云屏，仿佛落日彩霞般绽放，湖光山色、交相辉映，更显出庐山的俏丽。这几句是对庐山美景的总体概括。

下面开始描写庐山之美的细节：“影落明湖青黛光，金阙前开二峰长，银河倒挂三石梁。香炉瀑布遥相望，回崖沓嶂凌苍苍。”

金阙、三石梁、香炉、瀑布等意象，都是庐山非常著名的景色。

诗人视角在山下，从山下往上看：名为“金阙”的巨型岩石前面，伫立着两座高峰。三石梁上倾泻而下的瀑布，仿若银河倒垂，飞泻千里。三石梁对面就是香炉瀑布，周围层峦叠嶂，峻岭秀峰，高耸入云仿佛要与苍天相接。

细节描写之后，再次来个全景画面：“翠影红霞映朝日，鸟飞不到吴天长。”旭日东升，红遍天际，漫天的红霞让人忘了天空的本色。

绝美的红霞与苍翠的山色巧妙地映衬着，烘托出山势的险峻高耸，纵使黄鹤也飞不过去，更何谈普通飞鸟呢？

寥寥数笔，跌宕起伏，将山的奇伟和景色的幽深描绘得淋漓尽致。

“登高壮观天地间，大江茫茫去不还。黄云万里动风色，白波九道流雪山。”

现在，诗人从庐山的美丽景色中抽离开来，开始登高远眺，描绘长江的雄伟。

放眼望去，长江水奔腾不息，东流而下，浩浩荡荡，一去不返；举头望天，黄云万里，遮天蔽日，天色似乎将要大变；白色的浪花激荡着、跳跃着，似高达百丈，远望若一座雪山。

如此壮美的景色，在李白的浓墨重彩之下，让人有身临其境之感，体验到了庐山、长江周围的万千气象。

景色如此美好，诗人在壮阔的境界中，胸中情感也不断喷发：“好为庐山谣，兴因庐山发。闲窥石镜清我心，谢公行处苍苔没。”

“石镜”来源于一个传说，在庐山东面，据传曾有一圆石悬岩，明亮干净能照出人形。谢灵运当年登上庐山时，曾写下“攀崖照石镜”的诗句。

李白写道：因为庐山迷人的魅力，激发了大家的诗兴，乘兴写几首歌咏庐山的歌谣吧！边走边赏美景，看看地上光滑的石头，仿佛一面镜子，走过去照两下，似乎镜子也有魔力，能窥视到我的内心。我内心坦荡无比，一生清白，看到这样的自己心情也为之一振。我的偶像谢灵运也曾来过这里，现如今这里已经盖满了青苔。人生多么无常，当年的盛况再也不会重现了。

此情此景，诗人再次渴望成仙，如果飞升出这个世界，便能获得解脱，那何乐而不为呢？“早服还丹无世情，琴心三叠道初成。”

“还丹”是道家用语，道教认为世间有一种服用后便能“白日升天”的仙丹，修炼后便能达到“琴心三叠”的境界，即心和神悦的状态。

这句说明李白极端渴望摆脱污浊的现实，到达神仙幻境——“遥见仙人彩云里，手把芙蓉朝玉京”。

"玉京"，是元始天尊的居处。诗人远远望见了神仙在彩云里穿梭，手持莲花玉杖飞向元始天尊之处。

最终句，李白描述了心中向往的世界："先期汗漫九垓上，愿接卢敖游太清。"

据《淮南子·道应训》记载："卢敖曾游北海，路上遇见一个仙人，卢敖想跟他结伴而游，仙人笑道：'吾与汗漫期于九垓之外，吾不可以久驻，遂入云中。'"

诗人在最终句用典，意在自比仙人，而用卢敖借指卢虚舟，李白想邀请卢敖共赴仙游。

《唐诗别裁》曾有云："先写庐山形胜，后言寻幽不如学仙，与卢敖同游太清，此素愿也。笔下殊有仙气。"

卢敖求仙不得，诗人主动提供机会，显示了李白悠游自在、大气旷达的状态，也显示出万分的自信，相信自己早晚能登极乐。

最后两句意味着诗人早就跟九天外的神明有约，也愿意接纳卢敖共游仙境。李白浮想联翩，正欲飞升，全诗却戛然而止，余韵袅袅。

后人曾在《批点唐诗正声》中点评此诗："方外玄语，不拘流例。全篇开阖佚荡，冠绝古今，即使杜工部为之，未易及此，高、岑辈恐亦胁息。又襟期雄旷，辞旨慨慷，音节浏亮，无一不可。结句非素胎仙骨，必无此诗。"

据传，这首诗是李白流放夜郎遇赦归来后，再次来到江西时写成的。那时的李白已然历尽磨难，但高贵头颅始终不曾向黑暗的现实低下。他痛苦异常，求仙问道的心情更加迫切。

全诗极富浪漫主义精神，感情豪迈开朗、磅礴震撼，想象力丰富、风格豪放，技巧错综变化，诗韵不断转化，跌宕起伏、抑扬顿挫，境界放达瑰丽，给人一种雄奇的美。

正如《昭昧詹言》所言：“‘庐山’以下正赋。‘早服’数句应起处，而提笔另起，是以不平。章法一线乃为通，非乱杂无章不通之比。”

《唐宋诗醇》曾点评此诗：“天马行空，不可羁绁。”

篇首直抒胸臆，自由舒缓，娓娓道来。第二部分详细描写庐山的美景，圆润饱满；写长江壮景，情绪则开始高扬、高亢。之后，调子陡然降低，表达诗人希望有机会问道成仙、归隐山林的想法，柔和低沉，略带急切，恰好与前面的高亢形成鲜明对比，抑扬顿挫感迎面扑来。

最后一部分，李白的笔端幻化出将入的仙界场景，神乎其神，美乎其美，情绪再次升高，悠扬、舒缓。伯敬云在《唐诗快》中评论：“读李白诗，当于雄快中察其静远精出处。”

现在看来，此篇诗歌的思想较为驳杂。有嘲讽孔子的，有推崇求仙之路的，也流露出诗人对现实世界无限的热爱和留恋。

最终，李白病逝于当涂，享年62岁。去世前，著有《临终歌》。

大鹏飞兮振八裔，中天摧兮力不济。

馀风激兮万世，游扶桑兮挂石袂。

后人得之传此，仲尼亡兮谁为出涕。

李白一直以大鹏自诩，可扶摇直上九万里。世事变幻，他没向任何困难低头。现在，他终于倦了，选择飘然远去。

远去的诗仙，留下了无数的艺术作品。

杜甫曾在李白病中，深情回忆这位挚友。

昔年有狂客，号尔谪仙人。

笔落惊风雨，诗成泣鬼神。声名从此大，汩没一朝伸。

文彩承殊渥，流传必绝伦。

龙舟移棹晚，兽锦夺袍新。白日来深殿，青云满后尘。

乞归优诏许，遇我宿心亲。

未负幽栖志，兼全宠辱身。剧谈怜野逸，嗜酒见天真。

“嗜酒见天真”的那个家伙，走了。从此，世间一切与他再无牵扯，他回到天上安心做一颗星星，用温柔的眼眸俯瞰着人间。

但，在人间，他将永远被铭记，尽兴而活，诗酒天涯，浪荡不羁，号称“狂客”。

虽然孤独，但桀骜不驯；虽然遗憾，但自尊高贵。终生萧索，却情感丰富；暮年困顿，却把酒当歌。

他走的时候，很轻、很静，没有遗憾，却令世人哀愁擦泪。

他留下了许多诗，从中，我们能认识他，也能认识自己。